Abdoul Hamid Derra

Allahou Akbar

Abdoul Hamid Derra

Allahou Akbar

Allah est le plus Grand

Éditions Croix du Salut

Imprint
Any brand names and product names mentioned in this book are subject to trademark, brand or patent protection and are trademarks or registered trademarks of their respective holders. The use of brand names, product names, common names, trade names, product descriptions etc. even without a particular marking in this work is in no way to be construed to mean that such names may be regarded as unrestricted in respect of trademark and brand protection legislation and could thus be used by anyone.

Cover image: www.ingimage.com

Publisher:
Éditions Croix du Salut
is a trademark of
Dodo Books Indian Ocean Ltd. and OmniScriptum S.R.L publishing group

120 High Road, East Finchley, London, N2 9ED, United Kingdom
Str. Armeneasca 28/1, office 1, Chisinau MD-2012, Republic of Moldova, Europe
Managing Directors: Ieva Konstantinova, Victoria Ursu
info@omniscriptum.com

Printed at: see last page
ISBN: 978-613-7-36377-5

ALLAHOU AKBAR

ALLAH EST LE PLUS GRAND

COUVERTURE

UNE PREUVE FLAGRANTE DE LA PUISSANCE ET DE LA MAJESTE DU TOUT-PUISSANT RESIDE DANS LA SOUVERAINETE DIVINE AFFICHEE SUR TERRE, DANS LES CIEUX ET LES ETOILES. NEGLIGER DE CONTEMPLER LES MERVEILLES DU CIEL PRIVE LA COMPREHENSION HUMAINE D'UNE MAGNIFIQUE EXPOSITION DE SAGESSE. COMPAREE AUX CIEUX, LA TERRE EST COMPARABLE A UNE GOUTTE DANS UN OCEAN, ENCORE MEME PLUS PETITE. IL N'Y A PRATIQUEMENT PAS DE SOURATE DANS LE SAINT CORAN QUI NE FAIT MENTION DE LA GRANDEUR DES CIEUX. ON Y TROUVE MEME DES SERMENTS FAITS AU NOM DU CIEL :

- « PAR LE CIEL AUX CONSTELLATIONS ! » **(SOURATE AL-BURUJ, 85 : 1)**
- « NON !... JE JURE PAR LES POSITIONS DES ETOILES (DANS LE FIRMAMENT). ET C'EST VRAIMENT UN SERMENT SOLENNEL, SI VOUS SAVIEZ. » **(SOURATE AL-WAQI'A, 56 : 75-76)**

L'IMMENSITE DE L'UNIVERS, SES MOUVEMENTS HARMONIQUES ET LES DISTANCES QUI LES SEPARENT SONT DEVOILEES DANS DES FIGURES GIGANTESQUES QUI DEPASSENT L'IMAGINATION LA PLUS FOLLE ET LA COMPREHENSION LA PLUS PENETRANTE. LES SCIENTIFIQUES ONT MEME FINI PAR ADMETTRE QUE : **« L'UNIVERS EST PLUS TERRIFIANT, PLUS SURPRENANT ET PLUS GRAND QUE NOUS NE POUVONS L'IMAGINER, PARCE QUE LES CORPS DANS L'ESPACE SE DISTANCENT LES UNS DES AUTRES A UNE VITESSE EFFRAYANTE. »**

LA VITESSE DE LA LUMIERE, COMME ON LE SAIT, EST D'ENVIRON 300 000 KILOMETRES PAR SECONDE (PLUS EXACTEMENT 299 792 KM/S). LES SCIENTIFIQUES ESTIMENT LA TAILLE DE L'UNIVERS A 14 TRILLIONS D'ANNEES-LUMIERE C'EST-A-DIRE :

- **3600S * 24H = 86 400S**
- **86 400 * 365JRS = 31 536 000S**
- **31 536 000S * 300 000KM/S = 9 460 800 000 000 KM**
- **9 460 800 000 000 KM * 14 000 000 000 000 = 132 451 200 000 000 000 000 000 KM, EN EXPANSION…)**

IL NE FAUDRAIT PAS BEAUCOUP DE TEMPS A TOUTE PERSONNE QUI CONTEMPLE CES SAGESSES SOUS-JACENTES POUR SE RENDRE COMPTE QUE TOUTES LES CREATURES QUI PEUPLENT LA TERRE DEPENDENT DE LA PROTECTION ET DE L'AIDE D'UN CREATEUR A LA CONNAISSANCE INFINIE ET QUE SANS LUI ELLES SONT BIEN INCAPABLES DE SURVIVRE.

ELLE DOIT SE RECONCILIER AVEC LE FAIT QU'ELLE EVOLUE DANS DES CONDITIONS MIRACULEUSEMENT PARFAITES, AU PAYS DES MERVEILLES VIRTUELLES, QU'ELLE AURAIT ELLE-MEME ETE INCAPABLE DE MAINTENIR. NI LA RAISON NI LA CONSCIENCE NE SERAIT ALORS ASSEZ AVEUGLE POUR AVOIR LE CULOT DE SE REBELLER CONTRE ALLAH, GLOIRE A LUI, LE CREATEUR ET LE REGULATEUR DE L'UNIVERS.

LES PREUVES LOGIQUES DE L'EXISTENCE D'ALLAH

LES CHOSES ONT UNE EXISTENCE VISUELLE QUI EST L'EXISTENCE REELLE, UNE EXISTENCE MENTALE QUI EST L'EXISTENCE D'UNE IMAGE FORMEE DANS LA PENSEE ET ENFIN UNE EXISTENCE VERBALE QUI EST L'EXISTENCE EXPRIMEE PAR LA PAROLE. LA PAROLE EXPRIME CE QUI EXISTE DANS LA PENSEE, ET CE QUI SE TROUVE DANS LA PENSEE EST L'IMAGE CONFORME DE CE QUI SE TROUVE DANS LA REALITE.

S'IL N'Y AVAIT PAS D'EXISTENCE VISUELLE, IL N'Y AURAIT PAS EU D'IMPRESSION MENTALE, ET S'IL N'Y AVAIT PAS D'IMPRESSION MENTALE IL N'Y AURAIT PAS EU DE PERCEPTION DANS LA CONSCIENCE HUMAINE. ENFIN, SI L'ETRE HUMAIN N'AVAIT PAS CETTE PERCEPTION, IL N'Y AURAIT PAS EU DE MOTS POUR L'EXPRIMER VERBALEMENT.

L'EXPRESSION VERBALE, LA CONNAISSANCE ET LE CONNU SONT DONC TROIS CHOSES DISTINCTES, MAIS CONFORMES ET EXISTANT PARALLELEMENT. EN EFFET COMMENT NE SERAIENT-ELLES PAS DISTINCTES ALORS QUE CHACUNE POSSEDE DES CARACTERISTIQUES QUI LUI SONT PROPRES ? AINSI L'ETRE HUMAIN, DANS L'EXISTENCE VISUELLE PAR EXEMPLE, PEUT ETRE EN ETAT DE SOMMEIL OU D'EVEIL, MORT OU VIVANT, MALADE OU BIEN PORTANT, EN MOUVEMENT OU IMMOBILE.

DE MEME, DANS L'EXISTENCE MENTALE IL PEUT OCCUPER LA FONCTION DE SUJET OU D'ATTRIBUT, IL PEUT ETRE GENERAL OU PARTICULIER, PARTIEL OU TOTAL, ETC. EN OUTRE, PAR SON EXISTENCE VERBALE, IL PEUT ETRE ARABE, ANGLAIS OU FRANÇAIS...S'EXPRIMANT AU MOYEN D'UN VOCABULAIRE PLUS OU MOINS RICHE. IL EST DANS LA PHRASE, UN NOM, UN VERBE OU UNE PREPOSITION ETC.

*COMME NOUS POUVONS LE CONSTATER, LE NOM SE DISTINGUE DE CE QUI EST NOMME ET DE SA DENOMINATION. AUSSI **ALLAH** C'EST LE NOM, ET LE NOMME - QU'IL SOIT EXALTE- C'EST L'ESSENCE SUPREME, TANDIS QUE SA DENOMINATION EST SOIT CELLE QUE LES ETRES HUMAINS LUI ONT ATTRIBUEE, SOIT CELLE QUE LUI-MEME S'EST ATTRIBUEE ET QU'IL A INDIQUEE A SES SERVITEURS. DE TOUTE FAÇON LE NOM D'**ALLAH** EST CONNU DEPUIS TOUJOURS SOUS LA FORME VERBALE ET AVEC SA SIGNIFICATION.*

*A PARTIR DU MOMENT OU **ALLAH** INSPIRA L'EXPRESSION DE SON NOM A SES SERVITEURS ET QUE LE MOT QUI LE DESIGNE AINSI QUE CELUI QUI A PRONONCE CE MOT ONT EXISTE, L'EXISTENCE VERBALE A EXPRIME L'ESSENCE DIVINE. CE NOM EST DONC ANCIEN PAR LE SAVOIR QU'IL DESIGNE QUI FAIT PARTIE DEPUIS TOUJOURS DU SAVOIR DE L'ESSENCE SUPREME ; MAIS IL EST RECENT EN TANT QU'EXISTENCE VERBALE DANS LA LANGUE DES CREATURES. L'EXISTENCE VERBALE MENE NECESSAIREMENT A L'EXISTENCE MENTALE ET ELLE EST FONDEE SUR LE SAVOIR... AINSI, LE TERME **ALLAH** EST UNE PREUVE QU'IL EXISTE UNE NOTION D'**ALLAH** DANS LA PENSEE... CE CONNU DESIGNE PAR LE MOT PEUT ETRE DE TROIS SORTES :*

1. ***CE QUI EST IMPOSSIBLE PAR SON ESSENCE MEME :*** *C'EST CE DONT LA NON - EXISTENCE EST DUE A SON ESSENCE MEME ET NON A UNE CAUSE QUI LUI EST EXTERIEURE. L'IMPOSSIBLE, PAR EXEMPLE, C'EST L'UNION DE DEUX CONTRAIRES ; L'OBJET EST A LA FOIS EXISTANT ET INEXISTANT. C'EST UN ETAT DE CHOSE QUI EST CATEGORIQUEMENT NIE PAR LA RAISON. EN EFFET, L'IMPOSSIBLE N'EXISTE SUREMENT NI DANS LA PENSEE NI DANS LA REALITE.*

2. ***CE QUI EST POSSIBLE PAR SON ESSENCE MEME :*** *C'EST CE DONT L'EXISTENCE OU L'INEXISTENCE NE SONT PAS DUES A SA PROPRE ESSENCE, ET CE DONT L'EXISTENCE N'EXIGE NI LA STABILITE NI L'ANEANTISSEMENT BIEN QUE CES DEUX ETATS LUI SOIENT POSSIBLES EN FONCTION DES CAUSES. AINSI TOUTES LES CHOSES QUI EXISTENT ET QUE NOUS PERCEVONS AU MOYEN DE NOS SENS SONT DES EXEMPLES DE CE POSSIBLE ET ONT POUR REGLE DE NE POUVOIR NI EXISTER NI DISPARAITRE QU'EN FONCTION D'UNE CAUSE. QUAND L'UNE DE CES CHOSES EXISTE ELLE DEVIENT, D'APRES CETTE REGLE, UNE CREATION... COMME IL A ETE PROUVE QUE TOUTE CHOSE N'EXISTE QUE GRACE A UNE CAUSE QUI LUI EST ANTERIEURE ET AVANT LAQUELLE IL N'Y AVAIT QUE LE NEANT - DANS L'ORDRE DE L'EXISTENCE DE LA CAUSE - ELLE EST DONC ACCIDENTELLE. AINSI, NOUS DISONS QUE TOUTES LES CHOSES POSSIBLES SONT ACCIDENTELLES. SELON LES NORMES AUSSI, TOUT EFFET ACCIDENTEL NECESSITE UNE CAUSE POUR NAITRE A L'EXISTENCE, TOUT COMME IL A BESOIN D'UNE CAUSE POUR SE MAINTENIR EN ETAT D'EXISTENCE. TOUT EFFET A DONC BESOIN, SOUS TOUS SES ASPECTS, DE QUELQUE CHOSE POUR LE MAINTENIR HORS DU NEANT, AUSSI BIEN AU MOMENT DE SA MANIFESTATION QUE POUR TOUTE LA DUREE DE SON EXISTENCE. LA CAUSE QUI FAVORISE L'EXISTENCE DE L'EFFET A SON INEXISTENCE EST A L'ORIGINE DE SA CREATION : C'EST CE QU'ON APPELLE LE DONATEUR OU LA RAISON CREATRICE. LE FAIT D'EXISTER EXIGE NECESSAIREMENT UN POSSESSEUR PREALABLE QUI ACCORDE CETTE EXISTENCE A CELUI QUI EN BENEFICIE. DES LORS, L'EXISTENCE DU BENEFICIAIRE DECOULE DE L'EXISTENCE DU DONATEUR ET NE PEUT EN AUCUN CAS AVOIR LIEU INDEPENDAMMENT DE LUI. PUISQUE TOUT POSSIBLE A BESOIN D'UNE CAUSE QUI LE FAIT EXISTER, DONC TOUS LES POSSIBLES EXISTANTS ONT BESOIN NECESSAIREMENT D'UNE CHOSE EXTERIEURE A EUX QUI LES FAIT EXISTER. CECI NE PEUT ETRE QUE LE CREATEUR. IL S'ENSUIT QU'EN DEHORS DU POSSIBLE IL N'Y A QUE L'IMPOSSIBLE ET LE NECESSAIREMENT INDISPENSABLE. OR, L'IMPOSSIBLE N'EXISTANT PAS IL NE RESTE QUE CE QUI EST NECESSAIREMENT INDISPENSABLE.*

3. ***CE QUI EST NECESSAIREMENT INDISPENSABLE :*** *C'EST CE DONT L'EXISTENCE EST NECESSAIRE PAR SON ESSENCE MEME ET SANS AUTRES JUSTIFICATIONS QUE SA PROPRE ESSENCE ET SA VERITABLE NATURE. C'EST-A-DIRE QUE SON ESSENCE IMAGINEE EN DEHORS DE TOUTE CONSIDERATION NE PEUT ETRE QU'AINSI. CITONS UN EXEMPLE DE L'EXISTENCE NECESSAIRE : LA PENSEE ABSTRAITE, TEL LE NOMBRE 4 PAIR ET LE NOMBRE 3 IMPAIR ; OU ENCORE LA VIRILITE DU MALE ET LA FEMINITE DE LA FEMELLE.*

ALLAH

LES LOIS DEFINISSANT LA NATURE DU NECESSAIREMENT INDISPENSABLE

1. ***IL DOIT ETRE ANCIEN EXISTANT DEPUIS TOUJOURS***, *SI NON, IL SERAIT LUI-MEME CREE. IL AURAIT EU BESOIN D'UNE CAUSE POUR EXISTER, PUISQUE TOUT CE QUI EST CREE SE TROUVAIT AUPARAVANT DANS LE NEANT ET IL AURAIT EU BESOIN D'UN AUTRE POUR LE SORTIR DU NEANT. OR, CELA EST IMPOSSIBLE PUISQUE LE NECESSAIRE C'EST CE QUI EXISTE DE PAR LUI-MEME ET QUI EST NECESSAIREMENT LE POURVOYEUR DE TOUTES LES EXISTENCES.*

2. ***IL NE PEUT ETRE ANEANTI***, *SINON IL FAUDRAIT LUI RETIRER LES PROPRIETES DE SON ESSENCE. CECI VEUT DIRE DEPOUILLER LA CHOSE D'ELLE-MEME, CE QUI EST IMPOSSIBLE.*

3. ***IL NE DOIT PAS ETRE COMPOSE D'ELEMENTS***, *SINON CHAQUE PARTIE EXISTERAIT AVANT LE TOUT -QUI EST SON ESSENCE MEME- ET CHAQUE ELEMENT SERAIT DISTINCT DE L'ENSEMBLE... DANS CE CAS, CETTE EXISTENCE AURAIT BESOIN D'UNE AUTRE QUI LUI SOIT EXTERIEURE ; OR, CE QUI EST NECESSAIREMENT INDISPENSABLE EST CE QUI EXISTE PAR LUI-MEME. D'AUTRE PART, S'IL ETAIT COMPOSE D'ELEMENTS, L'EXISTENCE DU TOUT DEPENDRAIT DE L'EXISTENCE DES PARTIES QUI LE COMPOSENT.*

4. ***IL DOIT ETRE INDIVISIBLE*** *SINON IL S'ENSUIVRAIT DE MULTIPLES EXISTENCES QUI SERAIENT LES PARTIES RESULTANT DE LA DIVISION. CECI SUPPOSE UNE POSSIBILITE D'ANEANTISSEMENT OU DE COMPOSITION ET CES DEUX ETATS LUI SONT IMPOSSIBLES COMME NOUS L'AVONS DEMONTRE PRECEDEMMENT.*

5. ***IL DOIT ETRE SAVANT, ET SON SAVOIR DOIT PRECEDER TOUT CE QUI EST CONNU***, *DE SORTE QUE LE CONNU SOIT CONFORME A CE SAVOIR EXISTANT DEPUIS TOUJOURS.*

6. ***IL DOIT ETRE TOUT-PUISSANT POUR CREER LES POSSIBLES*** *ET POUVOIR LES ANEANTIR OU LES MAINTENIR EN EXISTENCE.*

7. ***IL DOIT AVOIR LA LIBERTE DE CHOIX (ETRE DOUE DE VOLONTE)*** *PUISQUE LES POSSIBLES ONT EXISTE DANS LE TEMPS ET DANS LES PROPORTIONS OU ILS SONT, ET CELA AURAIT PU EN ETRE AUTREMENT. DONC L'ASPECT DES CHOSES POSSIBLES S'EST REALISE SELON SA VOLONTE ETERNELLE.*

8. ***IL DOIT ETRE VIVANT POUR OCTROYER LA VIE A TOUS LES POSSIBLES***, *PARCE QUE CELUI QUI EST PRIVE D'UNE CHOSE NE PEUT LA DONNER. DE PLUS, SA VIE DOIT ETRE CARACTERISEE PAR L'ETERNITE ET L'IMMORTALITE. ELLE N'EST JAMAIS ATTEINTE D'ANEANTISSEMENT NI DE DISTRACTION PAR L'ASSOUPISSEMENT OU LE SOMMEIL, SINON SA PUISSANCE, SA VOLONTE DE CHOIX ET SON SAVOIR EN SERAIENT AMOINDRIS, CE QUI EST IMPOSSIBLE. ENFIN, PARCE QUE LES POSSIBLES DANS LEUR EXISTENCE, LEUR MOBILITE ET LEUR IMMOBILITE ONT BESOIN DE SON EXISTENCE ABSOLUE.*

9. ***IL DOIT ETRE LE SEUL A AVOIR UNE EXISTENCE ABSOLUE***, *SANS AUTRE DONATEUR DE L'EXISTENCE QUE LUI-MEME. S'IL Y EN AVAIT UN, CET AUTRE SERAIT SON ASSISTANT OU SON RIVAL CE QUI DIMINUERAIT DE SA PUISSANCE PUISQU'IL AURAIT BESOIN D'AUTRUI. LA POSSIBILITE D'EXISTENCE OU LA CREATION DES CHOSES SERAIT EGALEMENT ALTEREE PAR L'EXISTENCE D'UN RIVAL A CAUSE DE LA DIFFERENCE DE VOLONTES ET DE CHOIX.*

10. ***IL NE DOIT PAS ETRE UNE SUBSTANCE LIMITEE DANS UN ESPACE*** *PUISQUE TOUTE SUBSTANCE CONTENUE DEPEND DE L'ESPACE QUI LA CONTIENT ET DOIT ETRE MOBILE OU IMMOBILE. OR, COMME LA MOBILITE OU L'IMMOBILITE SONT DES ETATS ACCIDENTELS, CELUI QUI Y EST SUJET EST, PAR LA MEME, ACCIDENTEL.*

11. ***IL NE DOIT PAS ETRE UN CORPS (COMPOSE DE PARTIES)*** *ET, DE TOUTE FAÇON, S'IL N'EST PAS UNE SUBSTANCE CONTENUE DANS UN ESPACE, IL CESSE D'ETRE UN CORPS. CAR TOUT CORPS DEVRAIT AVOIR UN ASPECT ET UNE TAILLE QUI SONT LES CARACTERISTIQUES DES CREATIONS EVENTUELLES.*

12. ***IL NE DOIT PAS ETRE UNE CREATION EVENTUELLE DANS UN CORPS***, *NI UN ETAT DANS UNE PLACE. CAR TOUTE CREATION A BESOIN D'UN CORPS POUR REAGIR ET TOUT CORPS CREE A ETE PRECEDE PAR SON CREATEUR.*

COMMENT DONC LE CREATEUR QUI A PRECEDE TOUTE L'EXISTENCE POURRAIT-IL ETRE UN ETAT DANS UN CORPS ALORS QU'IL A ETE SEUL A EXISTER DEPUIS L'ETERNITE. IL DOIT EXISTER DE PAR LUI-MEME SANS ETRE UNE CREATION EVENTUELLE DANS UN CORPS, NI UNE SUBSTANCE LIMITEE DANS UNE PLACE.

13. ***IL NE DOIT PAS ETRE CONFINE DANS UNE DIRECTION PARTICULIERE***, *PARCE QUE LA DIRECTION C'EST EN HAUT, EN BAS, A DROITE, A GAUCHE, DEVANT OU DERRIERE, ET LES DIRECTIONS SONT DES ETATS ACCIDENTELS QUI N'EXISTENT QUE PAR RAPPORT A L'HOMME : EN HAUT C'EST AU-DESSUS DE SA TETE, EN BAS C'EST AU - DESSOUS DE SES PIEDS ET AINSI DE SUITE... EN OUTRE, SI L'ETRE HUMAIN N'ETAIT PAS CREE TEL QU'IL EST ET QU'IL AVAIT PAR EXEMPLE LA FORME D'UNE SPHERE, CES DIRECTIONS N'EXISTERAIENT PAS. DONC L'EXISTENCE NECESSAIREMENT INDISPENSABLE NE PEUT AVOIR DE DIRECTION... D'AILLEURS, COMMENT CELA POURRAIT-IL ETRE, SI LA DIRECTION ELLE-MEME EST UNE CHOSE EVENTUELLE ? COMMENT AURAIT-IL UNE DIRECTION ALORS QU'IL N'EN AVAIT PAS AUPARAVANT*

14. ***IL N'Y A PAS LA MOINDRE PERFECTION ATTRIBUEE A SES CREATURES QUI NE SOIT EN LUI SOUS SA FORME LA PLUS PARFAITE***, *CAR IL SERAIT ILLOGIQUE QUE LA CREATURE SOIT PLUS PARFAITE QUE LE CREATEUR.*

DE TOUT CE QUI PRECEDE IL APPARAIT CLAIREMENT QUE CELUI QUI EST NECESSAIREMENT INDISPENSABLE EST :

- *ANCIEN SANS COMMENCEMENT,*
- *C'EST CE QU'IL VEUT QUI A LIEU ET NON CE QU'IL NE VEUT PAS.*
- *CONTINUEL SANS INTERRUPTION.*
- *ETERNEL SANS FIN,*
- *IL EST L'INNOVATEUR ET LE RENOVATEUR...*
- *IL EST VIVANT ET NE SUCCOMBE NI A L'ASSOUPISSEMENT NI AU SOMMEIL...*
- *IL NE RESSEMBLE A RIEN DE CE QUI EXISTE ET CE QUI EXISTE NE LUI RESSEMBLE EN RIEN.*
- *IL NE RESSEMBLE AUX CORPS NI DANS LEURS PROPRIETES DIMENSIONNELLES NI DANS LEUR POSSIBILITE DE DIVISION.*
- *IL N'EST NI SUJET A LA DESTRUCTION NI A LA MORT...*
- *IL N'EST PAS LIMITE PAR DES DIMENSIONS QUI LE DEFINISSENT NI PAR DES DIRECTIONS.*
- *IL N'EST PAS UNE CREATION EVENTUELLE QUI ENTRAVE OU QUI EST ENTRAVEE.*
- *IL N'EST POINT UN CORPS APPARENT, NI UNE SUBSTANCE LIMITEE EVALUABLE.*
- *IMMORTEL,*
- *LE MOINDRE MOUVEMENT DU REGARD ET LA MOINDRE PENSEE OBEISSENT A SA VOLONTE.*
- *MAITRE DE SA PROPRE VOLONTE...*
- *OMNIPRESENT,*
- *PERPETUEL SANS RIVAL,*
- *RIEN NE CONTREDIT SON ORDRE NI NE REVOQUE SA SENTENCE...*
- *SA VOLONTE EST LE PILIER DE L'ENSEMBLE DE SES QUALITES.*
- *SAVANT DANS TOUS LES DOMAINES DU SAVOIR, IL POSSEDE UN SAVOIR ANCIEN QUI DATE DEPUIS TOUJOURS, RENOUVELE ET PERPETUEL.*
- *SEUL A PRODUIRE ET A INNOVER.*
- *SEUL SANS ANTAGONISTE,*
- *TOUTES LES CREATIONS SONT LE FRUIT DE SA VOLONTE ET TOUS LES INCIDENTS SONT DUS AUSSI A CETTE VOLONTE.*
- *TOUT-PUISSANT, IL N'EST ENTACHE PAR AUCUNE DEFICIENCE NI PAR AUCUNE FAIBLESSE...*
- *UNIQUE PAR SON POUVOIR DE CREER ET D'INTERVENIR...*
- *UNIQUE SANS PARTENAIRE ET SANS PAREIL,*

UNE FOIS QUE TOUT CELA EST PROUVE PAR LA RAISON, L'ON DOIT ETRE CONVAINCU DE LA NECESSITE DE L'EXISTENCE D'UN MOYEN DE COMMUNICATION ENTRE LE CREATEUR DE L'EXISTENCE ET TOUTE CREATURE RESPONSABLE EXISTANTE, AFIN QU'ELLE PUISSE LE RECONNAITRE, SAVOIR CE QU'ON ATTEND D'ELLE ET CONNAITRE LA JUSTIFICATION ET LA RAISON DE SA PROPRE EXISTENCE. CETTE COMMUNICATION DOIT AVOIR LIEU AU MOYEN D'UN MEDIATEUR PUISQU'IL EST IMPOSSIBLE AU MORTEL DE COMPRENDRE L'IMMORTEL NI DE POUVOIR ENTRER EN CONTACT DIRECT AVEC LUI. CE MEDIATEUR DOIT ETRE CHOISI PAR CELUI DONT L'EXISTENCE EST NECESSAIREMENT INDISPENSABLE AFIN QUE LE MEDIATEUR SOIT APTE A LE COMPRENDRE...

*DE PLUS, IL EST INDISPENSABLE QUE CE MEDIATEUR SOIT DE LA MEME NATURE QUE CELUI A QUI IL S'ADRESSE AFIN DE LUI FAIRE COMPRENDRE LES ORDRES ET LES INTERDICTIONS. AUSSI VOIT-ON CLAIREMENT LA NECESSITE DE L'ENVOI DES MESSAGERS ET LA NECESSITE DE LEUR MISSION...AFIN QU'**ALLAH** SOIT RECONNU AU MOYEN DE SES COMMANDEMENTS QUI SONT TRANSMIS PAR SES MESSAGERS APRES AVOIR ETE RECONNU PAR LA PENSEE ET LA RAISON...*

*A PARTIR DE LA, L'HOMME REFLECHIT SUR L'AUTHENTICITE DES DIRES DU MESSAGER QUI TRANSMET LE MESSAGE. SI, APRES L'AVOIR ECOUTE ATTENTIVEMENT : LA RAISON EST SATISFAITE ET SA SINCERITE EST PROUVEE GRACE A DES VERITES EVIDENTES, DES INFORMATIONS, DES DEMONSTRATIONS OU DES MIRACLES, IL FAUT CROIRE EN LUI, PUIS ARRETER A CE POINT LE ROLE DE LA RAISON POUR LE SUIVRE EN TOUTE FOI. LE MESSAGER (SALUT ET BENEDICTION SUR LUI) NOUS EXPLIQUE QU'**ALLAH** POSSEDE DES ATTRIBUTS AUXQUELS IL FAUT CROIRE : CE SONT L'OUÏE, LA VUE, LA PAROLE ET LA SOUVERAINETE SUR LE TRONE. CES NOMS LUI ONT ETE ATTRIBUES DANS LES VERSETS SUIVANTS :*

- *[IL N'Y A RIEN QUI LUI RESSEMBLE ; ET C'EST LUI L'AUDIENT, LE CLAIRVOYANT]***(SOURATE "ACH-CHURA" (LA CONSULTATION) 11.)**

- *[ET ALLAH A PARLE A MOÏSE DE VIVE VOIX]***(SOURATE "AN-NISSA' (LES FEMMES) 164.)**

- *[PUIS S'EST ETABLI "ISTAWA" SUR LE TRONE]* **(SOURATE "AL-A'RAF 54.)**

*POUR CE QUI EST DE LA QUALITE DE LA VUE : C'EST GRACE ELLE QUE CE QUI EST VISIBLE PEUT ETRE VU. QUANT A LA QUALITE DE L'OUÏE : C'EST GRACE A ELLE QUE TOUT CE QUI EST AUDIBLE PEUT ETRE ENTENDU. LES VERSETS ONT ATTRIBUE CES DEUX QUALITES A **ALLAH**, TOUT EN LEUR DENIANT TOUTE POSSIBILITE DE RESSEMBLANCE AVEC QUOI QUE CE SOIT. CELA AMENE A NIER EGALEMENT TOUTE POSSIBILITE DE RESSEMBLANCE POUR TOUT CE QUI CONCERNE LES AUTRES QUALITES D'**ALLAH**. NOUS DEVONS ETRE CERTAINS QUE CETTE VUE ET CETTE OUÏE EXISTENT SANS RECOURS A DES ORGANES SENSORIELS COMME LE PROUVENT LES PAROLES D'**ALLAH** AU SUJET D'ABRAHAM*

*[LORSQU'IL DIT A SON PERE : Ô MON PERE, POURQUOI ADORES-TU CE QUI N'ENTEND NI NE VOIT, ET NE TE PROFITE EN RIEN ?]***(SOURATE : "MARIAM" (MARIE) 42.)**

*IL EST -QU'IL SOIT EXALTE- CELUI A QUI AUCUN SON N'ECHAPPE ET AUCUNE CHOSE VISIBLE NE PEUT ETRE CACHEE. QUANT A LA QUALITE DE LA PAROLE : ELLE S'EXPRIME PAR LE FAIT QU'**ALLAH** -GLOIRE A LUI- EST CONTINUELLEMENT ET SANS CESSE EN ETAT DE PAROLE S'IL LE VEUT. LA PAROLE EST UNE DES QUALITES INHERENTES A SON ESSENCE MEME, ELLE EST SOUMISE A SA VOLONTE ET A SA TOUTE PUISSANCE.*

SES PAROLES N'EXISTENT PAS EN DEHORS DE LUI. ELLES NE SONT PAS LE SIGNE DE SON EXISTENCE MAIS LE PRODUIT DE SA VOLONTE ET DE SA PUISSANCE, ET ELLES NE RESSEMBLENT A AUCUNE AUTRE PAROLE. IL SE TIENT EN SOUVERAIN SUR LE TRONE COMME IL L'A EXPRIME ET DANS LE SENS QU'IL A VOULU, DANS UN MAINTIEN QUI EST LOIN DU TOUCHER, DE LA STABILITE, DE LA FIXATION, DE L'INSTALLATION OU DU DEPLACEMENT.

LE TRONE NE LE PORTE PAS, CAR LE TRONE AINSI QUE CEUX QUI LE PORTENT SONT SOUTENUS GRACE A SA PUISSANCE ET IL LES TIENT SOUS SA POIGNE : L'INSTALLATION SUR LE TRONE EST UNE CHOSE CONNUE, ET LA MANIERE DONT ELLE A LIEU NE PEUT S'EXPLIQUER AU MOYEN DE LA LOGIQUE HUMAINE, MAIS TOUTEFOIS IL FAUT Y ACCORDER FOI.

LE MESSAGER (SALUT ET BENEDICTION SUR LUI) NOUS MENTIONNE AUSSI D'AUTRES ATTRIBUTS DANS LA SOURATE "AL-IKHLAS" (LE MONOTHEISME PUR) : [DIS : « IL EST ALLAH, UNIQUE. ALLAH, LE SEUL A ETRE IMPLORE POUR CE QUE NOUS DESIRONS. IL N'A JAMAIS ENGENDRE, N'A PAS ETE ENGENDRE NON PLUS. ET NUL N'EST EGAL A LUI »] **(SOURATE "AL-IKHLAS" (LE MONOTHEISME PUR) 1-4)**

- ***L'UNIQUE AUTHENTIQUE C'EST :*** *CELUI DONT L'ESSENCE EST TRANSCENDANTE A LA COMPOSITION OU A LA MULTIPLICATION ; C'EST-A-DIRE QU'IL N'EST POINT UNE MATIERE ET QU'IL N'A PAS DE LIMITES NI D'ASSOCIE. LE TERME "UNIQUE" REFUTE L'IDEE DE L'EXISTENCE D'UN ASSOCIE QUELCONQUE QUE CE SOIT DANS L'ESSENCE, LES ATTRIBUTS OU LES ACTIONS...CE TERME IMPLIQUE EGALEMENT QU'IL EST LE SEUL -QU'IL SOIT EXALTE- A POSSEDER LES DEUX QUALITES DE MAGNIFICENCE ET DE PERFECTION. AUSSI L'UNICITE N'EST-ELLE ATTRIBUEE (AFFIRMATIVEMENT) QU'A **ALLAH** -QU'IL SOIT HONORE ET GLORIFIE-.*

- ***LE PERPETUEL ABSOLU :*** *EST CELUI VERS LEQUEL ON SE RETOURNE PERPETUELLEMENT EN CAS DE BESOIN (LE MOT EST DERIVE DU RADICAL "ÇA-MA-DA" QUI SIGNIFIE RESISTER DANS UN BUT PRECIS). IL N'A NULLEMENT BESOIN DE PERSONNE, ET TOUT AUTRE QUE LUI A BESOIN DE LUI. LE PERPETUEL ABSOLU SANS ANTERIEUR EST LA PERFECTION MEME DANS TOUTES LES FORMES D'HONNEUR ET DE SOUVERAINETE. DE PLUS, IL EST L'ETERNEL.*

- ***IL N'ENGENDRE PAS :*** *CAR IL NE S'ACCOUPLE PAS, ET IL N'A BESOIN DE PERSONNE POUR LE SOUTENIR NI LUI SUCCEDER. IL N'EST NI SUJET AU BESOIN NI A L'ANEANTISSEMENT.*

- ***IL N'EST PAS ENGENDRE :*** *PUISQUE RIEN NE LUI MANQUE ET IL A TOUJOURS EXISTE SANS AVOIR ETE PRECEDE PAR LE NEANT. IL NE DERIVE DE RIEN.*

- ***IL N'A PAS D'EGAL :*** *IL N'A PAS DE PAREIL (COMPAGNE OU COMPAGNON) QUI PUISSE L'EGALER OU S'OPPOSER A LUI. IL EST LE SEUL A POSSEDER LES ATTRIBUTS DE SUBLIMITE, DE PERFECTION, DE GLOIRE ET DE GRANDEUR.*

*DE MEME, **ALLAH** S'EST DESIGNE LUI-MEME PAR **"LE VIVANT OMNIPRESENT"**. LE TERME **"VIVANT"** IMPLIQUE TOUTES LES PERFECTIONS INHERENTES A SON ESSENCE. QUANT AU TERME **"OMNIPRESENT"** IL REGROUPE TOUTES LES PERFECTIONS EN SES ACTIONS. POUR MIEUX CONNAITRE LES NOMS ET LES ATTRIBUTS D'**ALLAH** A TRAVERS LES REVELATIONS CORANIQUES... ET A TRAVERS LES HADITHS DU PROPHETE MOHAMMAD (SALUT ET BENEDICTION SUR LUI) ...ESSAYONS DE PERCEVOIR LES LUMIERES QUE RENFERMENT LES PLUS PARFAITS ATTRIBUTS D'**ALLAH**.*

L'UNIQUE

LE SEUL SANS AUCUN ASSOCIE

DE LA PLUS PETITE PARTICULE A LA PLUS GRANDE PLANETE, TOUTE CHOSE DANS L'UNIVERS EVOQUE UN CHEF-D'ŒUVRE D'ART DIVIN. GRACE AUX INNOMBRABLES MANIFESTATIONS DE LA SAGESSE QUI SONT PRESENTEES A L'APPRECIATION DE L'ESPRIT HUMAIN, L'UNIVERS EST PAR CONSEQUENT UNE EXPOSITION DE LA MAJESTE DIVINE. POUR L'ESPRIT PENSANT, L'UNIVERS PRESENTE UNE EXPOSITION EVOCATRICE D'UNE ORGANISATION ET D'UNE HARMONIE CREATRICES. DE NOMBREUX VERSETS CORANIQUES EXPRIMENT CE SUJET. EN VOICI QUELQUES-UNS POUR NE CITER QUE CEUX-LA :

« N'ONT-ILS DONC PAS OBSERVE LE CIEL AU-DESSUS D'EUX, COMMENT NOUS L'AVONS BATI ET EMBELLI ; ET COMMENT IL EST SANS FISSURES ? ET LA TERRE, NOUS L'AVONS ETENDUE ET NOUS Y AVONS ENFONCE FERMEMENT DES MONTAGNES ET Y AVONS FAIT POUSSER TOUTES SORTES DE MAGNIFIQUES COUPLES DE [VEGETAUX], A TITRE D'APPEL A LA CLAIRVOYANCE ET UN RAPPEL POUR TOUT SERVITEUR REPENTANT. » **(SOURATE AL QAF, 50 : 6-8)**

« NE VOIS-TU PAS QU'ALLAH FAIT DESCENDRE DU CIEL DE L'EAU, PUIS IL L'ACHEMINE VERS DES SOURCES DANS LA TERRE ; ENSUITE, AVEC CELA, IL FAIT SORTIR UNE CULTURE AUX COULEURS DIVERSES, LAQUELLE SE FANE ENSUITE, DE SORTE QUE TU LA VOIS JAUNIE ; ENSUITE, IL LA REDUIT EN MIETTES. C'EST LA CERTAINEMENT UN RAPPEL AUX [GENS] DOUES D'INTELLIGENCE. » **(SOURATE AZ-ZUMAR, 39 : 21)**

L'EAU QUI SE TROUVE SUR LA SURFACE DE LA TERRE EST AU SERVICE DE L'HOMME ; ELLE EST CONSOMMEE, UTILISEE POUR LE NETTOYAGE ET DIVERS AUTRES BESOINS. ELLE EST PAR CONSEQUENT SUJETTE A ETRE POLLUEE DE TEMPS EN TEMPS. MAIS GRACE A UN MAGNIFIQUE PROCESSUS CIRCULAIRE, LE TOUT- PUISSANT LA PURIFIE SANS DISCONTINUER AFIN QU'ELLE SERVE DE NOUVEAU AUX BESOINS DE L'HOMME.

« UNE FOIS PRIVEE DE SA PURETE, CONFUSE ET TROUBLE, L'EAU EST PERTURBEE ET BOULEVERSEE, TOUT COMME NOUS, POUR AVOIR ETE SOUILLEE SUR TERRE… ELLE SE MET A PLEURER DE SES PROFONDEURS ET SOLLICITE LE TOUT-PUISSANT. LA-DESSUS, LE TOUT-PUISSANT LA TRANSFORME EN VAPEUR ET L'ELEVE VERS LE CIEL. L'ORIENTANT VERS UNE VARIETE DE CHEMINS, IL LA PURIFIE DE HAUT EN BAS. PUIS IL LA VERSE DE NOUVEAU SUR TERRE, PARFOIS SOUS FORME DE PLUIE, PARFOIS SOUS FORME DE NEIGE, ET PARFOIS, SOUS FORME DE GRELE. ENFIN, IL OUVRE SON CHEMIN VERS LE VASTE OCEAN. »

« APPROCHE-TOI DU TOUT-PUISSANT ET PURIFIE TON CŒUR DE TOUTE SOUILLURE, TOUT COMME L'EAU ! DEVIENS DE CE FAIT UNE PLUIE ; DEVERSE L'ABONDANCE ET LA MISERICORDE ! » LE DEPLACEMENT HARMONIEUX DE L'UNIVERS MIS EN PLACE DEPUIS SA CREATION, SA SUBLIME ORGANISATION ENLACEE AVEC UNE SAGESSE ET UN MYSTERE D'UNE INCOMMENSURABLE PROFONDEUR, EST, EN TOUT CAS, PLUS QU'UNE RAISON SUFFISANTE POUR RECONNAITRE QUE C'EST LA TOUTE L'ŒUVRE DE L'UNIQUE ET ETERNELLE FORCE.

LE VIVANT QUI SUBSISTE PAR LUI-MEME

LES GALAXIES

ON TROUVE QUELQUES CENTAINES DE MILLIARDS DE GALAXIES DANS L'UNIVERS QUI SONT VISIBLES GRACE A DES TELESCOPES DOTES DES TECHNOLOGIES DE DERNIER CRI. CE QUI FAIT DE LA GALAXIE UNE MASSE COLOSSALE DE CORPS SPATIAUX A PARTIR DESQUELS CHAQUE CORPS HEBERGE PRES D'UN MILLIARD D'ETOILES, Y COMPRIS LEURS MATIERES PREMIERES ET LEURS RESIDUS.

LA VOIE LACTEE, QUI ABRITE LE SYSTEME SOLAIRE, EST TOUT SIMPLEMENT UNE GALAXIE PARMI TANT D'AUTRES. LES GROUPES DE CENTAINES OU DE MILLIERS DE GALAXIES SONT APPELES AMAS. EN RETOUR, LES GROUPES COMPOSES D'ASSOCIATIONS DE GALAXIES SONT APPELES SUPERAMAS. NOTRE GALAXIE, LA VOIE LACTEE, ET LES QUELQUES 30 GALAXIES QUI SONT PROCHES DE NOUS, CONSTITUENT UN AMAS DE GALAXIES LOCALES.

L'AMAS DE LA VIERGE, UN AMAS QUI SE TROUVE A UNE DISTANCE D'ENVIRON 65 MILLIONS D'ANNEES-LUMIERE, COMPREND ENVIRON 2000 GALAXIES. UN SIMPLE SUPERAMAS, CELA DOIT ETRE SU, SE TROUVE AU MILIEU DE DIZAINES D'AMAS DE GALAXIES, BENEFICIANT D'UNE CIRCONFERENCE DE 100 MILLIONS D'ANNEES-LUMIERE. UN AUTRE ASPECT MONTRANT LA SPLENDEUR DIVINE A TRAVERS L'ESPACE EST LA COLLISION DES GALAXIES.

LES GALAXIES SE HEURTENT SUR UNE BASE FREQUENTE. SI LEURS ORBITES SE CROISENT OU SI ELLES ACQUIERENT SUFFISAMMENT DE PROXIMITE, LA GRAVITE DE LEUR MASSE LES ATTIRE PLUS PRES LES UNES DES AUTRES. PEU IMPORTE LE NOMBRE DE GALAXIES D'ETOILES, EN RAISON DE L'ENORME DISTANCE QUI LES SEPARE, LES ETOILES PASSENT LES UNES A COTE DES AUTRES DURANT LA COLLISION SANS ENTRER EN CONTACT.

L'IMPACT DE LA COLLISION, TOUTEFOIS, PRODUIT DES GAZ ET DE LA POUSSIERE, A PARTIR DE QUOI LES ETOILES SONT FORMEES, ET CONVERGE VERS CERTAINS ENDROITS, STIMULANT LA FORMATION DES ETOILES. POUR CETTE RAISON, ON OBSERVE UNE INTENSIFICATION DANS LA FORMATION DE NOUVELLES ETOILES DANS LES GALAXIES QUI ONT SUBI UNE COLLISION.

SELON LES ESTIMATIONS, UNE COLLISION D'UN TYPE SIMILAIRE EST PRETE A SURGIR ENTRE LA VOIE LACTEE ET SA VOISINE ANDROMEDE. LES DEUX GALAXIES SE RAPPROCHENT L'UNE DE L'AUTRE A UNE VITESSE DE PRES DE 500 000 KM A L'HEURE. SE SOUVENANT QUE L'UNE ET L'AUTRE SONT SEPAREES PAR UNE DISTANCE DE 2,2 MILLIONS D'ANNEES-LUMIERE, UNE COLLISION APPARAIT IMMINENTE DANS ENVIRON 3 MILLIARDS D'ANNEES.

IL Y A ENVIRON 200 MILLIARDS D'ETOILES DANS LA VOIE LACTEE, UNE D'ENTRE ELLES EST LE SOLEIL. LA VOIE LACTEE A UNE CIRCONFERENCE DE 100 000 ANNEES-LUMIERE. ORBITANT A UN RYTHME DE 630 KM PAR SECONDE, ELLE AVANCE A UNE VITESSE DE 900 000 KM/H EN DIRECTION DE L'ETOILE VEGA. L'AMAS NOMME HERCULE EST COMPOSE DE 100 PETITES GALAXIES ET SE SITUE A UNE DISTANCE DE 650 MILLIONS D'ANNEES-LUMIERE DE LA TERRE.

LE SYSTEME SOLAIRE

SITUE AU MILIEU DE LA VOIE LACTEE, LE SYSTEME SOLAIRE A UNE CIRCONFERENCE DE 12 MILLIARDS DE KILOMETRES. ON ESTIME QUE LE SOLEIL, SITUE A UNE DISTANCE DE 30 000 ANNEES-LUMIERE DU CENTRE DE LA VOIE LACTEE, EST AGE D'ENVIRON 4,5 A 5 MILLIARDS D'ANNEES.

LE SOLEIL TRANSFORME PAR SECONDE 564 MILLIONS DE TONNES D'HYDROGENE EN 560 MILLIONS DE TONNES D'HELIUM. DANS CE PROCESSUS, 4 MILLIONS DE TONNES DE GAZ EMETTENT DES RAYONS D'ENERGIE. EN TERMES DE PERTE DE MASSE, LE SOLEIL PERD 4 MILLIONS DE TONNES DE MASSE PAR SECONDE ET 240 MILLIONS PAR MINUTE. CONSIDERANT QUE LE SOLEIL CONSOMME CONSTAMMENT DE L'ENERGIE A CETTE VITESSE DEPUIS LES TROIS DERNIERS MILLIARDS D'ANNEES, CELA SIGNIFIE QUE JUSQU'A MAINTENANT IL A PERDU 400 MILLIARDS DE MILLIONS EN TERMES DE MASSE. POURTANT, MEME UNE QUANTITE MASSIVE COMME CELA EQUIVAUT A SEULEMENT ENVIRON 1/5000 DE LA MASSE ACTUELLE DU SOLEIL.

LA TEMPERATURE A LA SURFACE DU SOLEIL EST DE 6000 DEGRES CELSIUS (10,832 DEGRES FAHRENHEIT). LA CHALEUR DE SON NOYAU, D'AUTRE PART, ATTEINT LES 20 MILLIONS DE DEGRES CELSIUS. DE MEME QUE LA TEMPERATURE DU SOLEIL EST EN CONSTANTE AUGMENTATION, AINSI VA DE MEME SA CIRCONFERENCE. ÉMETTANT LA FORTE PROBABILITE QUE LE SOLEIL TOUJOURS GROSSISSANT POURRAIT EXPLOSER, CELA SONNERAIT LE GLAS DES PLANETES QUI LUI SONT PROCHES, A SAVOIR MERCURE, VENUS, LA TERRE ET MARS.

EXACTEMENT 324.529 FOIS SUPERIEURE A CELLE DE LA TERRE, LE SOLEIL A UNE MASSE DE $2X10^{27}$ TONNES, CE QUI REPRESENTE UN MILLIARD DE FOIS UN MILLIARD DE FOIS UN MILLIARD, MULTIPLIE PAR DEUX, AINSI QU'UN RAYON GIGANTESQUE MESURANT 700 000 KILOMETRES. LE SAINT CORAN FAIT LE RAPPEL SUIVANT :

« QUE SOIT BENI CELUI QUI A PLACE AU CIEL DES CONSTELLATIONS ET Y A PLACE UN LUMINAIRE (LE SOLEIL) ET AUSSI UNE LUNE ECLAIRANTE ! » **(SOURATE AL-FURQAN, 25 : 61)**

ALLAH, GLOIRE A LUI, DECLARE QU'IL NE CESSE D'ETENDRE LES CIEUX PARFAITEMENT CREES. UN VERSET CORANIQUE ENONCE :

« LE CIEL, NOUS L'AVONS CONSTRUIT PAR NOTRE PUISSANCE : ET NOUS L'ETENDONS [CONSTAMMENT] DANS L'IMMENSITE. » **(SOURATE AD-DHARIYAT, 51 : 47)**

EN 1929, DES SCIENTIFIQUES ONT DECOUVERT QUE LA NEBULEUSE SE DEPLACE TOUJOURS PLUS LOIN DE NOTRE GALAXIE : C'EST UNE CONCLUSION QUI PLUS TARD SERA UTILISEE COMME BASE FORMATRICE DE LA THEORIE PROUVANT QUE L'ESPACE EST EN CONSTANTE EXPANSION. SELON CETTE THEORIE, SANS DOUTE L'UN DES TOURNANTS LES PLUS SIGNIFICATIFS DANS LA RECHERCHE SPATIALE DU 20EME SIECLE, LES GALAXIES S'ELOIGNENT DE PLUS EN PLUS LES UNES DES AUTRES EN PROPORTION AVEC LA DISTANCE ACCUMULEE.

EN APPLIQUANT CETTE THEORIE AUX MATIERES PRESENTES DANS L'ESPACE EN 1950, LES SCIENTIFIQUES ONT PROCEDE AU CALCUL DE LA VITESSE AVEC LAQUELLE LES GALAXIES SE DEPLACENT LES UNES PAR RAPPORT AUX AUTRES. ALORS QU'UNE GALAXIE QUI NOUS SERAIT ELOIGNEE DE 10 MILLIONS D'ANNEES-LUMIERE SE DEPLACERAIT A LA VITESSE DE 250 KM PAR SECONDE, LA VITESSE DE RUPTURE D'UNE GALAXIE ELOIGNEE DE 10 MILLIARDS D'ANNEES-LUMIERE SERAIT DE 250 000 KM PAR SECONDE. QUE L'UNIVERS, DE L'ETENDUE DE CE QUI EXPRIME ICI, NE CESSE DE CROITRE EN DIMENSION SANS JAMAIS RESTER LE MEME, TEND A DEMONTRER L'IMPOSSIBILITE DE COMPRENDRE PARFAITEMENT LA SPLENDEUR DU TOUT-PUISSANT.

LES SEPT CIEUX

DANS LE SAINT CORAN, LE TOUT-PUISSANT FAIT EGALEMENT MENTION DE SEPT CIEUX OU DE (SEPT) NIVEAUX CELESTES. EN SUPPOSANT QUE CE QUI A ETE DIT JUSQU'A MAINTENANT SE RAPPORTE AU PREMIER NIVEAU, COMMENT LA RAISON ET LA COMPREHENSION HUMAINES POURRAIENT PORTER LES MYSTERES DES AUTRES (NIVEAUX) ? ALLAH, GLOIRE A LUI, AFFIRME : « CELUI QUI A CREE SEPT CIEUX SUPERPOSES SANS QUE TU VOIES DE DISPROPORTION EN LA CREATION DU TOUT MISERICORDIEUX. RAMENE [SUR ELLE] LE REGARD. Y VOIS-TU UNE BRECHE QUELCONQUE ? PUIS, RETOURNE TON REGARD A DEUX FOIS : LE REGARD TE REVIENDRA HUMILIE ET FRUSTRE. NOUS AVONS EFFECTIVEMENT EMBELLI LE CIEL LE PLUS PROCHE AVEC DES LAMPES [DES ETOILES] DONT NOUS AVONS FAIT DES PROJECTILES POUR LAPIDER DES DIABLES ET NOUS LEUR AVONS PREPARE LE CHATIMENT DE LA FOURNAISE. » (SOURATE AL-MULK, 67:3-5)

MAINTENANT, LEVEZ LA TETE ET TOURNEZ VOS REGARDS VERS LES CIEUX ! REFLECHISSEZ SUR LES INNOMBRABLES MATIERES PRESENTES DANS L'ESPACE QUI, DU MILIEU DE CET ORDRE GIGANTESQUE, NE CHANCELLENT MEME PAS D'UNE FRACTION DE SECONDE DE LEUR TRAJECTOIRE, CHACUNE CHARGEE D'UN MYSTERE ET D'UN BON SENS SOUS-JACENTS DANS SON MOUVEMENT. SI LA TERRE NE TOURNAIT PAS SUR SON AXE, UN DE SES COTES SERAIT CONSTAMMENT LUMINEUX TANDIS QUE L'AUTRE SERAIT VOUE A L'OBSCURITE PERPETUELLE ET IL N'Y AURAIT AUCUN MOYEN DE SEPARER SES MOUVEMENTS D'ACTIVITES DE SES MOUVEMENTS EN REPOS.

IL Y A AUSSI UNE SAGESSE INHERENTE DANS LE FAIT QU'IL FAILLE 24 HEURES POUR QUE LA TERRE FASSE UNE ROTATION AUTOUR DE SON AXE. SI ELLE DEVAIT PRENDRE PLUS DE TEMPS, LA TERRE AURAIT RESSEMBLE A MERCURE OU LA DIFFERENCE ENTRE LA CHALEUR DIURNE ET NOCTURNE EST SUPERIEURE A 1000° CELSIUS (1832° FAHRENHEIT). L'EXCES DE CHALEUR AURAIT BRULE LA TERRE DURANT CES LONGUES JOURNEES, NE LAISSANT QU'UN FROID MENAÇANT LE SOIR VENU, GELANT TOUT DANS SON SILLAGE.

C'EST DANS CETTE OPTIQUE QU'IL FAUT PRENDRE NOTE DE LA FAÇON DONT LE TOUT-PUISSANT A RECOUVERT LE JOUR AVEC LA NUIT ET A OCTROYE AU PREMIER UN TEMPS D'ACTIVITES ET A LA SECONDE UN TEMPS DE REPOS. PENSEZ AUX MANIFESTATIONS DE LA PUISSANCE ET DE LA MISERICORDE DIVINES DANS LEUR QUETE INLASSABLE DE L'AUTRE !

ENCORE UNE FOIS, SI LA TERRE NE TOURNAIT PAS AUTOUR DU SOLEIL AVEC UNE INCLINAISON DE 23 DEGRES ET 27 MINUTES, IL N'Y AURAIT PAS LES QUATRE SAISONS SI ESSENTIELLES POUR LA VIE. EN OUTRE, SI LA TERRE N'AVAIT PAS EU CETTE INCLINAISON, L'EAU S'EVAPORANT DES OCEANS AURAIT AUGMENTE AU NORD ET AU SUD, FAISANT TOURNER LES CONTINENTS EN ICEBERGS DE TAILLE CONSEQUENTE. SI LA LUNE, PAR EXEMPLE, SE SITUAIT 50 000 MILES (80 000 KILOMETRES ENVIRON) PLUS LOIN DU POINT OU ELLE SE SITUE ACTUELLEMENT, LES MAREES AURAIENT ETE SI ENORMES QUE LES CONTINENTS AURAIENT ETE INONDES DEUX FOIS PAR JOUR. MEME LES PUISSANTES MONTAGNES AURAIENT ETE ERODEES JUSQU'A L'ANEANTISSEMENT, PRESQUE EN UN CLIN D'ŒIL.

AINSI DONC, NE SOYEZ PAS IMMOBILISES (COINCES) DANS LA CRAINTE DU CIEL SIMPLEMENT POUR SON IMMENSITE ET LA MYRIADE D'ETOILES DONT IL DISPOSE. AU LIEU DE CELA, PENSEZ A REFLECHIR SUR SON CREATEUR ET A LA MANIERE DONT IL L'A FAÇONNE ET ORDONNE DANS SON ENSEMBLE ! COMMENT SE FAIT-IL QUE LE TOUT-PUISSANT PUISSE MAINTENIR ENSEMBLE CES ETOILES MASSIVES SANS PILIERS OU FIXATIONS VISIBLES ? IL SUFFIT DE PENSER AU SOLEIL ET A LA LUNE : TOMBENT-ILS TOUJOURS EN PANNE ? Y A-T-IL EU UN MOMENT OU ILS ONT ETE ENVOYES EN REPARATION ? ALORS QU'ILS SE MEUVENT DANS LEUR ORBITE RESPECTIVE ET PREDESTINEE, ONT-ILS DEJA DEVIE DE LEUR DIVINE COURSE ET PROVOQUE DES ACCIDENTS ?

L'ATMOSPHERE

L'AIR QUI ENVELOPPE LA TERRE RENFERME DE NOMBREUX SECRETS ET REPOSE SUR DE NOMBREUSES SAGESSES. LES NUAGES QUI APPARAISSENT SOUDAINEMENT DANS LE CIEL, LE VENT QUI S'ELEVE DANS LES AIRS, PARFOIS LEGER, PARFOIS DANS UN ELAN, LES ECLAIRS QUI EMETTENT ENSUITE UN BRUIT ASSOURDISSANT, LA PLUIE BATTANTE, LA NEIGE QUI TOMBE,

CHACUNE DE CES CHOSES EST UNE MANIFESTATION FABULEUSE QUI SE PRODUIT EN CONFORMITE AVEC UNE MESURE TOUT AUSSI MAGNIFIQUE. LE SAINT CORAN APPELLE L'HOMME A MEDITER SUR DE TELLES MANIFESTATIONS QUI SEVISSENT ENTRE LA TERRE ET LE CIEL ET A APERCEVOIR LES PREUVES QUI ATTESTENT DE LA PUISSANCE D'ALLAH :

« CERTES LA CREATION DES CIEUX ET DE LA TERRE, DANS L'ALTERNANCE DE LA NUIT ET DU JOUR, DANS LE NAVIRE QUI VOGUE EN MER CHARGE DE CHOSES PROFITABLES AUX GENS, DANS L'EAU QU'ALLAH FAIT DESCENDRE DU CIEL, PAR LAQUELLE IL REND LA VIE A LA TERRE UNE FOIS MORTE ET Y REPAND DES BETES DE TOUTE ESPECE, DANS LA VARIATION DES VENTS, ET DANS LES NUAGES SOUMIS ENTRE LE CIEL ET LA TERRE, EN TOUT CELA IL Y A DES SIGNES, POUR UN PEUPLE QUI RAISONNE. » (SOURATE AL-BAQARA, 2 : 164)

L'ATMOSPHERE, QUI EMBRASSE NOTRE TERRE AVEC COMPASSION, EST L'UNE DES PLUS REMARQUABLES DISPOSITIONS DU TOUT-PUISSANT EN RAPPORT AVEC SON INFINIE MISERICORDE ENVERS LES ETRES HUMAINS. ELLE EST CONSTITUEE DE : 77% D'AZOTE, DE 21% D'OXYGENE ET D'1% D'UNE COMBINAISON DE DIOXYDE DE CARBONE, D'ARGON ET D'AUTRES GAZ. L'OXYGENE EST SI INFLAMMABLE QU'ON ESTIME QU'UNE AUGMENTATION D'UN CENTIEME D'OXYGENE AU-DELA DES 21% DEVELOPPERAIT LA PROBABILITE D'ALLUMER UN FEU DE BROUSSE A HAUTEUR DE 70%. UN TAUX D'OXYGENE DE PLUS DE 25%, D'AUTRE PART, SERAIT PLUS QUE SUFFISANT POUR TRANSFORMER EN CENDRES LA MAJORITE DES LEGUMES QUE NOUS CONSOMMONS.

AUTRE REMARQUE, MALGRE LA CONSOMMATION CONSTANTE D'OXYGENE ET DE DIOXYDE DE CARBONE, SA PROPORTION DANS L'AIR EST TOUJOURS MAINTENUE. SI TOUS LES ETRES HUMAINS ET LES ANIMAUX QUI HABITENT NOTRE PLANETE AVAIENT UTILISE TOUT L'OXYGENE PRESENT DANS L'ATMOSPHERE ET L'AVAIENT TRANSFORME EN DIOXYDE DE CARBONE, TRES RAPIDEMENT, ILS AURAIENT ETE EMPOISONNES PAR INHALATION, FAVORISANT DANS UNE PROPORTION INVERSE LA DIMINUTION DE L'OXYGENE.

MAIS LA PUISSANCE QUI A CREE L'UNIVERS A AUSSI CREE LA VEGETATION. ET EN LUI OCTROYANT LA CAPACITE DE TRAITER LE DIOXYDE DE CARBONE ET DE LE TRANSFORMER EN OXYGENE, ELLE A DOTE L'UNIVERS D'UN MAGNIFIQUE EQUILIBRE ET D'UNE VIE QUI NE CESSE JAMAIS. LA CROUTE TERRESTRE A ETE PLACEE AVEC UNE TELLE MESURE DELICATE QUE SI ELLE AVAIT ETE UN PEU PLUS EPAISSE ELLE AURAIT ABSORBE TOUT LE DIOXYDE DE CARBONE ET L'OXYGENE, MENANT AINSI A LA DESTRUCTION DE TOUTE LA VEGETATION.

L'OXYGENE EST UN BESOIN VITAL POUR LES FONCTIONS BIOCHIMIQUES QUE NOTRE CORPS EFFECTUE PERMANEMMENT. NOUS INHALONS SANS CESSE DE L'AIR DANS NOS POUMONS PUIS EXPIRONS LE MEME AIR.

QU'UNE DENSITE APPROPRIEE D'OXYGENE DANS L'ATMOSPHERE SOIT NECESSAIRE POUR ADAPTER CE PROCESSUS D'INHALER-EXPIRER PROUVE QUE LA COÏNCIDENCE NE PEUT PAS JOUER D'UNE MAIN EN MAINTENANT CE RAPPORT SENSIBLE.

ALLAH, GLOIRE A LUI, QUI A CREE NOTRE CORPS DE MANIERE A CE QU'IL NECESSITE UN BESOIN CONSTANT D'OXYGENE, NOUS A ABONDAMMENT BENIS EN NOUS OCTROYANT NOTRE PLUS PRIMAIRE ET ESSENTIEL BESOIN.

NON SEULEMENT IL A PERMIS QUE L'OXYGENE SOIT FACILEMENT ACCESSIBLE, MAIS IL L'A PLACE EGALEMENT DANS L'ATMOSPHERE DANS LA PROPORTION LA PLUS PARFAITE.

CHAQUE RESPIRATION QUE NOUS PRENONS EST EN FAIT UN EXERCICE COMPLEXE ET SIGNIFICATIF, ET EN MEME TEMPS UN MERVEILLEUX CADEAU DIVIN.

À BORD D'UN AVION DERNIER CRI, ET AVANT QU'IL NE DECOLLE, NOUS ENTENDONS TOUJOURS L'ANNONCE NOUS AVISANT DE :

« PORTER LES MASQUES A OXYGENE QUI SE DEPLOIERAIENT AUTOMATIQUEMENT EN CAS DE CHUTE DE PRESSION EN HAUTE ALTITUDE ».

MAIS DANS LA VIE QUOTIDIENNE, PERSONNE D'ENTRE NOUS NE PORTE LA PLUS LEGERE APPREHENSION QUAND LA QUANTITE D'OXYGENE DANS L'AIR PASSE A, DISONS, 25% OU DESCEND A 18% D'ICI LE LENDEMAIN ET A CAUSE DE CELA NOUS PRECIPITER POUR ACHETER UN MASQUE A OXYGENE.

CROYANT OU NON, TOUT A CHACUN A UNE VIE DEPENDANTE DE L'ORDRE DIVIN ETABLI. LA VIE AURAIT ETE INSUPPORTABLE SI L'ON ETAIT AU COURANT DE CHAQUE FACTEUR REPRESENTANT UN DANGER QUI L'ENTOURERAIT.

L'AIR EST AUSSI SEMBLABLE A UN MIROIR ECLAIRANT NOTRE ENVIRONNEMENT. LA LUMIERE NE PEUT RAYONNER SANS CONTACT AVEC LA MATIERE. UNE LUMIERE QUI S'ECRASE DANS UNE PARTICULE SE PROPAGE AUX ALENTOURS, COMME UN PETARD, SOUS FORME DE CHALEUR ET DE LUMIERE.

COMME IL N'Y A PAS DE PARTICULES TELLES QUE DES MOLECULES OU DES ATOMES DANS LE VIDE DE L'ESPACE EN DEHORS DE L'ATMOSPHERE, ELLES RESTENT DANS L'OBSCURITE, EN DEPIT TOUT DE MEME DE LEUR RECEPTION A LA LUMIERE DU SOLEIL.

LA LUNE, PAR EXEMPLE, QUI EST PRIVEE D'ATMOSPHERE, NE POSSEDE PAS DE COUCHES DE GAZ QUI PEUVENT DISPERSER LA LUMIERE INCIDENTE DU SOLEIL ET ECLAIRER SES ENVIRONS.

POUR CETTE RAISON, TANDIS QUE LA SURFACE DE LA LUNE EST LUMINEUSE, LA SURFACE AU-DESSUS RESTE TOUJOURS DANS L'OBSCURITE MALGRE LE FAIT QU'ELLE SOIT INONDEE PAR UNE PLUIE DE LUMIERE. CES MERVEILLEUSES MANIFESTATIONS SONT LA PREUVE LA PLUS CLAIRE QUE LA TERRE A ETE CREEE DE FAÇON A ACCUEILLIR LA VIE HUMAINE ET SELON UN OBJECTIF DE PREMIERE IMPORTANCE. EN MEME TEMPS QU'ETRE UNE GRANDE BENEDICTION QUE LE TOUT-PUISSANT A ACCORDEE A SES SERVITEURS, CET EQUILIBRE DELICAT QUI REND LA VIE POSSIBLE EST EN MEME TEMPS UNE PREUVE DE SON EXISTENCE ET DE SA PUISSANCE INFINIE.

QUE CHAQUE ETRE DANS L'UNIVERS PUISSE SE MOUVOIR SELON UN PROGRAMME DIVIN ETABLI ET QUE TOUT CE QUE NOUS RENCONTRONS PUISSE REVELER UN PLAN INTERIEUR, L'ORDRE ET L'EQUILIBRE RENDENT NECESSAIRE L'EXISTENCE D'UNE PUISSANCE QUI PREVOIT, ORDONNE ET MESURE CE FORMIDABLE EQUILIBRE. CE QUI REND LA POSITION DE L'ATHEISME AFFIRMANT QUE LA VIE ET L'UNIVERS EN SONT VENUS A ETRE ET A EXISTER PAR PURE COÏNCIDENCE, UN NON-SENS RIDICULE.

SUPPOSEZ QUE VOUS POSSEDEZ UN JARDIN. VOUS AVEZ DEMANDE AU JARDINIER D'Y PLANTER DE JEUNES ARBRES. VOUS Y REVENEZ PLUS TARD ET VOUS VOUS APERCEVEZ QUE DE JEUNES ARBRES ONT ETE ABATTUS ICI ET LA, AU HASARD. VOUS SOMMEZ LE JARDINIER DE VOUS FOURNIR UNE EXPLICATION ET IL VOUS REPOND QU'ILS ONT ETE ABATTUS PAR UNE TEMPETE SOUDAINE. VOUS ACCEPTEZ CETTE REPONSE.

MAIS VOUS REVENEZ UN AUTRE JOUR ET CETTE FOIS VOUS VOYEZ QUE LES JEUNES ARBRES ONT ETE ABATTUS SELON UN MODELE PARTICULIER ; VOUS VOYEZ, PAR EXEMPLE, LE CINQUIEME JEUNE ARBRE DE CHAQUE RANG ABATTU, JETE A TERRE, TANDIS QUE LES QUATRE PRECEDENTS SONT INTACTS ET QUE VOUS OBSERVEZ CE MODELE PARTOUT DANS LE JARDIN.

VOUS DEMANDEZ ENCORE UNE FOIS UNE EXPLICATION ET LE JARDINIER VOUS DIT, UNE FOIS DE PLUS, QUE C'EST LA TEMPETE QU'IL FAUT BLAMER. CROIRIEZ-VOUS CELA ? BIEN SUR QUE NON. VOUS BLAMERIEZ PLUTOT L'INTENTION MALVEILLANTE QUE QUELQU'UN AURAIT PU AVOIR.

MEME SI LE PREMIER CAS POURRAIT S'EXPLIQUER PAR LA COÏNCIDENCE, LE SECOND NE PEUT L'ETRE ; CAR CETTE FOIS-CI LE CALCUL ET LA MESURE SONT INTERVENUS DANS LA SITUATION. » NULLE PERSONNE SENSEE NE POURRAIT CONTESTER LE FAIT QUE L'UNIVERS MAINTIENT SON EXISTENCE QU'A TRAVERS UN CALCUL METICULEUX ET UN EQUILIBRE DES PLUS DELICATS.

L'EQUILIBRE DIVIN

LA PRESSION ATMOSPHERIQUE

LES GAZ QUI COMPOSENT L'ATMOSPHERE APPLIQUENT UNE PRESSION D'ENVIRON 1 KG POUR UNE SURFACE D'1 CM CARRE. CELA SIGNIFIE QUE LE CORPS HUMAIN EST SOUS LA PRESSION CONSTANTE D'UN POIDS DE 15 TONNES.

MAIS ALLAH, GLOIRE A LUI, A AUSSI EQUILIBRE CELA DE FAÇON MAGNIFIQUE. QUELLE QUE SOIT LA QUANTITE DE PRESSION QU'IL PUISSE Y AVOIR A L'EXTERIEUR, NOTRE CORPS CONTIENT LA MEME QUANTITE DE PRESSION EN MOUVEMENT VERS L'EXTERIEUR.

CETTE DIFFERENCE RADICALE DANS LA PRESSION ATMOSPHERIQUE EST LA RAISON MEME DE DIVERSES MALADIES ET SAIGNEMENTS DE NEZ EPROUVES PAR CERTAINS QUI GRAVISSENT DES SOMMETS ELEVES. D'AUTRE PART, LES ASTRONAUTES QUI TRAVERSENT DES ALTITUDES PLUS ELEVEES NE PEUVENT VOYAGER QU'EN PORTANT DES UNIFORMES A PRESSION D'AIR INTEGRE.

L'HARMONIE CHAUD-FROID

GRACE A LEUR CAPACITE A RETENIR LA CHALEUR, LE DIOXYDE DE CARBONE ET LES CORPUSCULES DE VAPEUR DISPERSES EN JUSTE PROPORTION DANS L'AIR PERMETTENT LE MAINTIEN D'UNE PARFAITE HARMONIE.

ABSORBANT UNE PARTIE DES RAYONS DU SOLEIL QUI VIENNENT PENDANT LA JOURNEE, CES CORPUSCULES EMPECHENT UNE AUGMENTATION EXCESSIVE DE LA CHALEUR. QUAND LA NUIT TOMBE ET QUE LE SOLEIL RETIRE SES RAYONS, LA CHALEUR ABSORBEE PENDANT LA JOURNEE EST REFUSEE PAR CES CORPUSCULES DANS L'AIR, COMME UNE SERRE, ET N'EST PAS LIBEREE DANS LE VIDE DE L'ESPACE.

PARCE QU'ELLE NE POSSEDE PAS DE TOIT DE PROTECTION DE CE GENRE, LA LUNE, PAR EXEMPLE, EST BRULEE PAR L'EXCES DE CHALEUR PENDANT LA JOURNEE ET EST SOUS L'EMPRISE D'UN FROID VIRULENT LA NUIT.

L'EAU

LA SURVIE DE TOUS LES ETRES VIVANT SUR TERRE DEPEND DE L'EAU. TOUTE PERSONNE, INCAPABLE DE TROUVER DE L'EAU ALORS QU'ELLE EN A DESESPEREMENT BESOIN, N'AURAIT PAS RECHIGNE A CEDER TOUS LES TRESORS DE LA TERRE EN ECHANGE D'UNE SIMPLE GORGEE DU PRECIEUX LIQUIDE.

ENCORE UNE FOIS, ELLE N'AURAIT PAS HESITE A RENONCER A TOUS LES TRESORS DE LA TERRE JUSTE POUR LIBERER DE SON CORPS L'EAU CONSOMMEE, SI ELLE EN ETAIT CAPABLE. L'HOMME EST UNE CAUSE D'EMERVEILLEMENT !

COMMENT PEUT-IL S'OCCUPER D'OR ET D'ARGENT, FAISANT DES AFFAIRES, ALORS QU'IL RESTE INCONSCIENT DE L'EXTRAORDINAIRE BENEDICTION QUE LE TOUT- PUISSANT PLACE DANS UNE SIMPLE GORGEE D'EAU ?

LES VASTES OCEANS

L'EAU RECOUVRE LES TROIS TIERS DE LA SURFACE TERRESTRE. PAR CONSEQUENT, NI LE FROID PRESENT DANS LES POLES NORD ET SUD, NI LA CHALEUR TROPICALE SI ETOUFFANTE NE PEUVENT SAISIR LA TERRE SOUS LEUR EMPRISE.

LA SURFACE DE LA TERRE, RECHAUFFEE PAR LES RAYONS DU SOLEIL DURANT LA JOURNEE, DISTRIBUE LA CHALEUR TOUT AUTOUR, TEL UN RADIATEUR.

QUANT AUX OCEANS, EN DEPIT DE RECEVOIR DES MILLIONS DE CALORIES PROVENANT DE LA CHALEUR DU SOLEIL, ILS NE PEUVENT SE RECHAUFFER QUE JUSQU'A UN CERTAIN POINT ; MAIS UNE FOIS RECHAUFFES, ILS NE PERDENT PAS LEUR CHALEUR FACILEMENT.

AINSI, LES OCEANS (ET LES MERS) QUI COUVRENT LA SURFACE DE LA TERRE REGULENT LES CLIMATS ET AGISSENT COMME UN THERMOSTAT MODERANT LA CHALEUR EXCESSIVE OU LE FROID INTENSE, D'OU LA RAISON POUR LAQUELLE ILS ONT UNE MASSE SUPERIEURE A CELLE DES CONTINENTS.

EN VERTU DU SYSTEME D'EVAPORATION, ILS COMBLENT PAR AILLEURS LE BESOIN EN EAU QUE REQUIERENT LES TERRES. DE PETITES ETENDUES D'EAU AURAIENT SIGNIFIE MOINS D'EVAPORATION, CE QUI AURAIT ENTRAINE DE FEROCES SECHERESSES SUFFISANTES POUR CHANGER LA TERRE ENTIERE EN IMMENSE DESERT.

PAS MOINS SONT LES CARACTERISTIQUES DES CREATURES MARINES COMPAREES A CELLES EVOLUANT SUR LA SURFACE DES TERRES. PERLES, CORAUX ET AUTRES ORNEMENTS ET PARTICULIEREMENT LES FRUITS DE MER RECOLTES FRAICHEMENT DES PROFONDEURS DES OCEANS SONT D'UNE IMPORTANCE PARTICULIERE POUR LES ETRES HUMAINS.

LES VENTS

EN CE QUI CONCERNE SES OBJECTIFS EN MATIERE DE CHALEUR, DE PRESSION, DE NIVEAU D'HUMIDITE ET DE NOMBREUSES AUTRES ACTIVITES QUI S'Y DEROULENT, L'ATMOSPHERE EST DIVISEE EN DIFFERENTES COUCHES.

LA TROPOSPHERE, LA PREMIERE DE CES COUCHES, EST CELLE PAR LAQUELLE LA PLUIE, LA NEIGE ET LES VENTS SE PRODUISENT.

LA COUCHE S'ETEND A PRES DE 16 KM VERS LE CIEL AU-DESSUS DU SOL ET SA TEMPERATURE DIMINUE PROGRESSIVEMENT JUSQU'A ATTEINDRE -56°C (-74°F). DANS CETTE COUCHE DE L'ATMOSPHERE SE TROUVE UN SYSTEME CYCLIQUE SANS FAILLE.

COMME L'AXE DE LA TERRE EST UNE FRACTION INCLINEE, IL N'EST PAS SEULEMENT LA REGION EQUATORIALE QUI REÇOIT LES RAYONS DU SOLEIL DANS UNE TRAJECTOIRE RECTILIGNE. CECI PERMET LA DISTRIBUTION DE LA CHALEUR AUX REGIONS TROPICALES.

AYANT DES TEMPERATURES PLUS ELEVEES DANS CES REGIONS, UNE GRANDE QUANTITE DE CHALEUR EST STOCKEE, ET LE STOCKAGE DE CETTE CHALEUR PERMET LE MAINTIEN DE LA FORCE NECESSAIRE ET DE L'ENERGIE EXIGEE POUR LES VENTS. DES MILLIONS DE TONNES D'EAU VAPORISEES PROVENANT DES MERS ET DES OCEANS FONT MONTER L'AIR DOUX.

DE LA, ELLES SONT LIVREES PAR LES VENTS ET DEPOSEES SUR LES TERRES QUI ONT BESOIN D'EAU. EN CONSEQUENCE DE CE MOUVEMENT CYCLIQUE, LES PRECIPITATIONS NE SONT PAS UNIQUEMENT RESERVEES AUX REGIONS HUMIDES, MAIS, GRACE A UN PLAN PARFAITEMENT EXECUTE, CHAQUE REGION REÇOIT SA PART DUE DE PLUIE. LE MOUVEMENT NATUREL DE L'ATMOSPHERE PERMET LE TRANSFERT DE LA CHALEUR.

AVEC L'APPUI DES SYSTEMES DE BASSE ET DE HAUTE PRESSION ET DES FORTS COURANTS ALLANT DU NORD AU SUD, L'AIR FROID PROVENANT DES LATITUDES SEPTENTRIONALES SE DIRIGE VERS LE SUD, TANDIS QUE LA CHALEUR DU SUD SE DIRIGE VERS LE NORD.

QUE LE SOLEIL FOURNISSE A DIFFERENTES PARTIES DE LA TERRE DES INTENSITES VARIEES DE CHALEUR PERMET AUX MASSES D'AIR PRESENTES DANS L'ATMOSPHERE DE CONNAITRE UN RECHAUFFEMENT A DIFFERENTS NIVEAUX.

L'AIR CHAUD, EN CONFORMITE AVEC L'ORDRE DIVIN QUI LUI EST DONNE, S'ELEVE IMMEDIATEMENT. CONSTITUE DE CETTE FAÇON SONT LES SOURCES ACTIVES DE L'AIR, CONNUES COMME DES CENTRES DE BASSE PRESSION SOUS LES CLIMATS CHAUDS ET COMME DES CENTRES DE HAUTE PRESSION SOUS LES CLIMATS FROIDS.

EN CONSEQUENCE, LES MINUSCULES PARTICULES D'AIR COMMENCENT A SE DEPLACER SOUS FORME DE VENT, A TRAVERS LEQUEL L'HUMIDITE, LA CHALEUR, L'INTENSITE ET L'ENERGIE DANS L'ATMOSPHERE, AINSI QUE LE POLLEN DES PLANTES QUI SE REPRODUISENT, SONT DEPLACEES VERS LEURS LIEUX REQUIS. LE SAINT CORAN DECLARE :

« ET NOUS ENVOYONS LES VENTS FECONDANTS ; ET NOUS FAISONS ALORS DESCENDRE DU CIEL UNE EAU DONT NOUS VOUS ABREUVONS ET QUE VOUS N'ETES PAS EN MESURE DE CONSERVER. »
(SOURATE AL-HIJR, 15 : 22)

LES VENTS, TOUT COMME LE RESTE DE LA CREATION DANS L'UNIVERS, SE CONFORMENT, EN TOUTE OBEISSANCE, A LA SOUVERAINETE DU TOUT-PUISSANT. CECI EST UN EFFET DE LA MISERICORDE DE NOTRE SEIGNEUR, QU'IL EN SOIT AINSI, MAIS CE PEUT ETRE EGALEMENT UNE MANIFESTATION D'UNE COLERE DESTRUCTIVE QUAND, A NOUVEAU, CELA EST DECRETE DE SA PART.

UNE ILLUSTRATION VIVANTE DE CE FAIT EST ETABLIE DANS LE VERSET CORANIQUE SUIVANT, DEPEIGNANT LA FAÇON DONT LA TRIBU DES 'AD FUT DETRUITE PAR UNE PUISSANTE TEMPETE :

« NOUS AVONS ENVOYE CONTRE EUX UN VENT VIOLENT ET GLACIAL, EN UN JOUR NEFASTE ET INTERMINABLE ; IL ARRACHAIT LES GENS COMME DES SOUCHES DE PALMIERS DERACINES.»
(SOURATE AL-QAMAR, 54 : 19-20)

DE MEME QU'ELLE PORTE SUR SES DOUCES EPAULES DES MILLIONS DE TONNES D'EAU, L'AIR SUPPORTE EGALEMENT DES AVIONS REMPLIS DE CENTAINES DE PASSAGERS. ELLE DISTRIBUE LA LUMIERE ET LA CHALEUR.

ELLE APPORTE AUSSI, A L'ATTENTION DE NOTRE AUDITION, DES SONS COMPOSES DE CENTAINES DE LONGUEURS D'ONDES DIFFERENTES, DONT LES TELEPHONES MOBILES SONT PEUT-ETRE L'EXEMPLE LE PLUS REMARQUABLE.

D'AUTRE PART, L'AIR PRESENTE A NOTRE ODORAT DIVERS TYPES DE PARFUM SANS JAMAIS LES MELANGER. SANS ATMOSPHERE, NI NOUS NE POURRIONS-NOUS RENDRE AUDIBLES A LA PERSONNE QUI EST A NOS COTES, NI NOUS NE POURRIONS-NOUS APPUYER SUR L'INTERRUPTEUR DE LUMIERE AVEC L'ESPOIR DE VOIR CE QUI SE TROUVE EN FACE DE NOUS.

CIRCULANT A TRAVERS NOS POUMONS, L'AIR EFFECTUE D'AILLEURS UNE TACHE ESSENTIELLE. EN TOUT CELA, ELLE RAPPELLE AUX CROYANTS DANS UN ELAN DE CONTEMPLATION LA GLOIRE, LA PUISSANCE ET LA MISERICORDE INFINIES D'ALLAH.

LE FILTRE DIVIN

LA COUCHE QUI SE SITUE AU-DESSUS DE LA TROPOSPHERE ET QUI ATTEINT UNE HAUTEUR DE 50 KM A PARTIR DU NIVEAU DU SOL EST APPELEE STRATOSPHERE. LA STRATOSPHERE BLOQUE LES DANGEREUX RAYONS DU SURPLUS D'ENERGIE QUI SE TROUVE SUR LA TERRE. C'EST LA QUE L'ON TROUVE LA COUCHE D'OZONE. MOLECULE D'OXYGENE CONSTITUEE D'UNE TRIADE D'ATOMES, LA COUCHE D'OZONE FILTRE LES ASPECTS NOCIFS DES RAYONS DU SOLEIL.

LES RAYONS ULTRAVIOLETS EMIS PAR LE SOLEIL FONT DIMINUER LA CROISSANCE DES PLANTES, SONT LA CAUSE DE CANCERS DE LA PEAU CHEZ LES ETRES HUMAINS, ENDOMMAGENT LES YEUX ET FONT AUGMENTER LE RISQUE D'ATTRAPER UN CERTAIN NOMBRE DE MALADIES CONTAGIEUSES. CE QUE FAIT LA STRATOSPHERE, C'EST SAISIR LES RAYONS ULTRAVIOLETS QUI PROVIENNENT DU SOLEIL ET LES RENVOYER, ET, IMMEDIATEMENT, PASSER DE L'OXYGENE A L'OZONE PAR LE BIAIS D'UNE REACTION CHIMIQUE SUPERBEMENT EQUILIBREE.

EN FAIT, L'OZONE EST UN GAZ SI DANGEREUX QUE L'INHALATION DE 1/200 GRAMMES DE CELUI-CI SUFFIRAIT A TUER UNE PERSONNE. MAIS IL SUFFIT DE CONSIDERER LA MISERICORDE DU TOUT-PUISSANT QUI A CONÇU UN FILTRE HORS D'UNE TELLE COUCHE DE POISON ET LE METTRE A PROFIT POUR MAINTENIR L'EQUILIBRE CLIMATIQUE ET EMPECHER UN MAL QUI POURRAIT AVOIR DES CONSEQUENCES FATALES POUR LES ETRES HUMAINS.

LA COUCHE QUI S'ETEND A 80 KM AU-DESSUS DU NIVEAU DU SOL, CONSIDEREE COMME LA COUCHE MOYENNE DE L'ATMOSPHERE, EST APPELEE MESOSPHERE, FAISANT OFFICE DE BOUCLIER CONTRE LES PLUIES DE METEORITES. PASSANT LES OBSTACLES CONSTITUES PAR JUPITER, SATURNE ET LA LUNE, LES METEORITES SURGISSENT GRACE A LA FORCE GRAVITATIONNELLE DE LA TERRE ET ENTRENT DANS L'ATMOSPHERE A UNE VITESSE INCROYABLE.

CE QUI EST COMMUNEMENT APPELEE ETOILE FILANTE EST EN FAIT UNE METEORITE QUI ENTRE EN CONTACT AVEC L'ATMOSPHERE ET QUI EST ENSUITE REDUITE EN POUSSIERE DANS LA MESOSPHERE. S'IL N'Y AVAIT PAS DE COUCHE PROTECTRICE DE CE TYPE ENVELOPPANT LA TERRE, OU SI LA COUCHE EN QUESTION AVAIT ETE UNE FRACTION PLUS FINE, DES MILLIONS DE METEORITES TOMBERAIENT SUR LA TERRE ET CAUSERAIENT LA DESTRUCTION, PERÇANT DES TROUS INNOMBRABLES A SA SURFACE, TOUT COMME CEUX QUE L'ON TROUVE SUR LA LUNE.

MAIS, ENCORE UNE FOIS, L'INFINIE MISERICORDE D'ALLAH TRANSFORME EN POUSSIERE CES CANONS GEANTS QUI SE DIRIGENT EN TOUT TEMPS VERS LA TERRE AVANT MEME QU'ILS N'ENTRENT EN CONTACT AVEC SA SURFACE. ENSUITE, CHAQUE PARTICULE DE CETTE POUSSIERE SE TRANSFORME EN NOYAU DE GOUTTES DE PLUIE MINUSCULES. LA FORMATION DES NUAGES NECESSITE LA PRESENCE DE FINES PARTICULES QUI SONT UNE COMBINAISON A LA FOIS DE LA TERRE ET DE L'ESPACE. QUI PLUS EST, CES PARTICULES SONT NECESSAIRES POUR ATTEINDRE LE PLUS HAUT NIVEAU ATMOSPHERIQUE.

LES VENTS HUMIDES QUI SOUFFLENT FORT APPLIQUENT LEUR INTENSITE SUR LE CENTRE ET FORMENT UNE PARTICULE DE NUAGES. SELON UN PLAN PHYSIQUE ET MATHEMATIQUE, LES PARTICULES DE NUAGES, A LEUR TOUR, DEVIENNENT DE PETITES GOUTTES DE PLUIE QUI RETOMBENT ENSUITE SUR LA TERRE. BIEN AVANT QUE QUOI QUE CE SOIT NE FUT DECOUVERT, LE TOUT-PUISSANT, LE PROPRIETAIRE DU CIEL ET DE LA TERRE, AVAIT DIT :

*« ET NOUS AVONS FAIT DU CIEL UN TOIT PROTEGE. ET CEPENDANT ILS SE DETOURNENT DE SES MERVEILLES.» **(SOURATE AL-ANBIYA, 21 : 32)***

LES ONDES RADIOS

LA COUCHE ATMOSPHERIQUE QUI COMMENCE A PARTIR DE 500 KM AU-DESSUS DU SOL ET QUI ATTEINT UNE ALTITUDE DE 1000 KM EST APPELEE IONOSPHERE. LA, LES ATOMES ET LES MOLECULES NE SONT PAS DECHARGES, MAIS IONISES ; EN RECEVANT OU EN EMETTANT DES ELECTRONS, ILS SONT CHARGES D'ELECTRICITE.

EN RAISON DE CES ATOMES DEVENUS IONISES ET QUI ONT ABSORBE LES RAYONS DE HAUTE ENERGIE DU SOLEIL, LA CHALEUR A L'INTERIEUR DE LA COUCHE PEUT PARFOIS ATTEINDRE 2000°C. POUR L'ATMOSPHERE, L'IONOSPHERE EST COMME UN MIROIR COMPOSE D'IONS.

HEURTANT QUASIMENT CE MIROIR, NOUS TROUVONS LES ONDES ELECTROMAGNETIQUES DES EMETTEURS RADIO AINSI QUE LES TRANSMETTEURS TSF QUI S'ELEVENT DANS L'ESPACE, DONT CERTAINS SONT ENSUITE RENVOYES SUR LA TERRE.

LES ONDES REFLECHIES ATTEIGNENT ALORS TOUS LES COINS DE LA TERRE, CE QUI PERMET DE SUIVRE DES EMISSIONS DE RADIO ET DE TELEVISION PARTOUT DANS LE MONDE AVEC UNE RELATIVE FACILITE.

COMME ON LE VOIT, ALLAH, QUI A FAIT DE LA TERRE UN CORPS MASSIF NAVIGUANT A UNE VITESSE RAPIDE DANS LE VIDE DE L'ESPACE SOMBRE, A ETABLI UNE DEMEURE PLEINE DE VIE, REGLEE QUI PLUS EST SELON UNE TEMPERATURE IDEALE.

DOMINEE PAR UN CLIMAT AGREABLEMENT CHAUD, PAS MEME LA SIMPLE BOUFFEE D'AIR SOUFFLANT SUR LE TERRE N'EST DENUEE DE SAGESSE ; PAS MEME LA PLUS PETITE GOUTTE D'EAU POSEE SUR UNE FEUILLE NE DEMEURE SANS RAISON.

CHAQUE CHOSE CREEE, DE LA PLUS PETITE A LA PLUS GRANDE, EST UN PORTRAIT D'OU L'ON TIRE UNE LEÇON ET UN EXEMPLE AINSI QU'UN CHEF-D'ŒUVRE DIVIN. LE TOUT-PUISSANT DIT :

« NE VOYEZ-VOUS PAS QU'ALLAH VOUS A ASSUJETTI CE QUI EST DANS LES CIEUX ET SUR LA TERRE ? ET IL VOUS A COMBLES DE SES BIENFAITS APPARENTS ET CACHES. ET PARMI LES GENS, IL Y EN A QUI DISPUTENT A PROPOS D'ALLAH, SANS SCIENCE, NI GUIDEE, NI LIVRE ECLAIRANT. » (LUQMAN, 31 : 20)

HEUREUX CEUX QUI PEUVENT LIRE LES LIGNES DE SAGESSE ET DE VERITE QUE DECRIT LE LIVRE DE L'UNIVERS, QUI PEUVENT LES COMPRENDRE ET ALLER AINSI DANS LES PROFONDEURS DE LA MEDITATION !

NUAGES, PLUIE ET NEIGE

PENSEZ SIMPLEMENT AUX NUAGES, VAISSEAUX GEANTS NAVIGUANT DANS LES CIEUX. L'UNE DES FONCTIONS DES NUAGES EST D'EMPECHER LA TERRE D'ETRE EXPOSEE A UNE CHALEUR EXCESSIVE. LORSQUE LA TEMPERATURE AUGMENTE, L'EAU SE VAPORISE A UN RYTHME PLUS RAPIDE, GENERANT PLUS DE NUAGES.

LES RAYONS DU SOLEIL SE REFLETENT ALORS EN ARRIERE VERS LA DIRECTION D'OU ILS SONT VENUS, PRESERVANT L'EQUILIBRE DE LA CHALEUR SUR LA TERRE. ALLAH, LE TOUT-MISERICORDIEUX, ENVOIE LES VENTS COMME ANNONCIATEURS DE PLUIE. ALORS LES VENTS, AVEC LA PERMISSION DIVINE, DEPLACENT LES MONTAGNES COMME LES NUAGES ET LES DIRIGENT VERS LEURS LIEUX DESTINES.

LE TOUT- PUISSANT REPARTIT LES NUAGES DANS LE CIEL COMME IL LE SOUHAITE ET LES RASSEMBLE, PUIS EN EXTRAIT DES GOUTTES DE PLUIE DESQUELLES IL PERMET LA CROISSANCE DE DIVERS FRUITS SUR TERRE. IL NOUS RAPPELLE QUE C'EST DE CETTE MANIERE QUE LES MORTS SERONT RESSUSCITES, DESIRANT QUE LES ETRES HUMAINS PRENNENT NOTE DE CETTE GRANDE LEÇON DE SAGESSE. LE TOUT-PUISSANT DEVERSE SA MISERICORDE SUR QUI IL VEUT. REJOUIS SONT CEUX QUI REÇOIVENT LA PLUIE APRES AVOIR ETE TOUCHES PAR UNE GRAVE SECHERESSE, LEUR DESESPOIR SE COMMUE IMMEDIATEMENT EN ESPOIR.

CAR ALLAH EST CELUI QUI… « FAIT DESCENDRE LA PLUIE APRES QU'ON EN A DESESPERE, ET REPAND SA MISERICORDE. ET C'EST LUI LE MAITRE, LE DIGNE DE LOUANGE. » (SOURATE ASH-SHURA, 42 : 28)

PARFOIS LE TOUT-PUISSANT CHANGE LA SECHERESSE, D'AUTRES PLUIES OU LA GRELE EN D'AUTRES MOYENS DE PUNITION, CE QUI PENALISE SES SERVITEURS REBELLES, FRAPPANT QUI IL VEUT ET PROTEGEANT CEUX QU'IL VEUT EPARGNER. EN D'AUTRES TERMES, LE TOUT-PUISSANT ALIGNE LA RELATION ENTRE LES CIEUX ET LA TERRE EN ACCORD AVEC LE COMPORTEMENT HUMAIN ET LEUR PROPRE MONDE INTERIEUR.

LA PLUIE EST ENVOYEE PAR LE TOUT-PUISSANT SOUS FORME DE GOUTTES DE TELLE SORTE QUE CHACUNE D'ENTRE ELLES RESTE SEPAREE DANS SA PROPRE COURSE SANS SE MELER LES UNES AUX AUTRES. CHAQUE GOUTTE DE PLUIE TOMBE SELON SA TRAJECTOIRE DESTINEE, SANS LA MOINDRE OSCILLATION. NI ELLE NE VIENT TROP TARD NI ELLE NE PERTURBE LA PROCHAINE GOUTTE QUI TOMBE APRES ELLE.

SI LES HOMMES ET LES DJINNS TENTAIENT D'UNIR LEURS FORCES POUR CREER NE SERAIT-CE QU'UNE SIMPLE GOUTTE DE PLUIE OU BIEN S'ILS TENTAIENT D'ESTIMER LE NOMBRE IMPORTANT DE GOUTTES DE PLUIE TOMBEES DANS UN SEUL VILLAGE EN UN INSTANT, ILS NE SERAIENT PAS EN MESURE DE LE FAIRE. SEUL LE CREATEUR SAIT QUEL EST LEUR NOMBRE EXACT. IL Y A AUSSI UNE SAGESSE INESTIMABLE DANS LES GOUTTES GELEES DE LA GRELE ET DANS LES FLOCONS DE NEIGE QUI TOMBENT COMME DU COTON FIN, TOUS DEUX COMPOSES D'EAU FINE.

QUI DEPOSE LES GOUTTES DE PLUIE AINSI QUE LA NEIGE QUI TOMBE SUR LE SOL ET SUR LES PLUS HAUTES BRANCHES DES ARBRES ? EN EFFET, L'EAU EST DISTRIBUEE DANS CHAQUE MOINDRE PARTIE DE FEUILLE, MAIS ELLE DEMEURE INVISIBLE. GRACE A LEURS VAISSEAUX CAPILLAIRES, CHAQUE PARTICULE DE LA FEUILLE, ET EN MEME TEMPS L'ARBRE TOUT ENTIER, REÇOIT SA PART EQUITABLE EN EAU.

COMMENT SE FAIT-IL QUE L'EAU, QUI EST CENSEE S'ECOULER DE HAUT EN BAS, SOIT CAPABLE DE SUIVRE ENTIEREMENT SON COURS JUSQU'AU SOMMET ? SI LES GOUTTES DE PLUIE TOMBAIENT EN CONFORMITE AVEC LA LOI DE LA PESANTEUR, CHAQUE GOUTTE AURAIT FRAPPE LA TERRE A LA VITESSE D'UNE BALLE RAPIDE. ET CELA AURAIT SIGNIFIE QUE LES ETRES VIVANTS AURAIENT SUBI UNE MORT INSTANTANEE A CAUSE DE CES GOUTTES EN FORME D'OBUS.

POURTANT, CHAQUE GOUTTE DE PLUIE TOMBE SUR LE SOL A UNE VITESSE CONSTANTE, LENTEMENT, SANS CAUSER LE MOINDRE MAL OU DOMMAGE. FORMEE SELON UNE MESURE INDIQUEE, L'EAU PREND ALORS LA FORME DE GOUTTES DE PLUIE MINUSCULES. ENSUITE, GRACE A LA FORCE DE LEVAGE DE L'AIR ET A LA FLUIDITE DES GOUTTES ELLES-MEMES, LA FORCE DE GRAVITE EST EQUILIBREE, PERMETTANT AUX GOUTTES DE HEURTER LE SOL A UNE VITESSE CONSTANTE.

CES VERITES SEULES SUFFIRAIENT A CEUX QUI MEDITENT AVEC SAGESSE, APPRECIANT COMBIEN EST ADMIRABLE L'ORGANISATION ET L'HARMONIE DIVINES, EFFICACES PARTOUT SUR LA TERRE DANS LAQUELLE NOUS VIVONS. NON MOINS CLAIREMENT VERRAIENT-ILS LA CONNAISSANCE, LA PUISSANCE ET LA SAGESSE INFINIES DU TOUT-PUISSANT PAR UNE TELLE OBSERVATION.

LES PLANTES

UNE FOIS LA GRAINE TOMBEE AU SOL ET TOUCHEE PAR SON HUMIDITE, ELLE COMMENCE A SE DEVELOPPER, AVEC COMME CONSEQUENCE L'OUVERTURE DE SES PARTIES INFERIEURES ET SUPERIEURES TELLES DES FISSURES. DE SA PARTIE SUPERIEURE APPARAIT L'ARBRE, QUI SE DEVELOPPE DAVANTAGE AU-DESSUS DU SOL, TANDIS QUE DE SA PARTIE INFERIEURE EMERGE LA RACINE, MAJESTUEUSEMENT ETENDUE EN PROFONDEUR SOUS LE SOL.

C'EST UN SPECTACLE ETONNANT, CAR BIEN QUE LA GRAINE SOIT D'UNE NATURE SIMPLE ET SOIT SOUS L'AFFECT D'UNE INFLUENCE SIMPLE, ELLE PRODUIT UNE PART DISTINCTE QUI SE DEVELOPPE DE FAÇON ASCENDANTE ET UNE AUTRE QUI S'ANCRE DAVANTAGE DANS LE SOL. IL EST STUPEFIANT QU'UNE SEULE ENTITE PUISSE DONNER NAISSANCE A DEUX ELEMENTS OPPOSES. CELA, NOUS LE SAVONS, S'OPERE PAR LA VOLONTE ET LA GOUVERNANCE DU SEUL CREATEUR, QUI EXSUDE LA SAGESSE DANS TOUS SES ACTES.

UNE PARTIE DE L'ARBRE QUI JAILLIT DE CET ARBRE DEVIENT BOIS, ET UNE AUTRE DEVIENT FEUILLES. EN OUTRE, UNE DIFFERENTE PARTIE SOURIT EN FORME DE FLEURS QUI SE DEVELOPPE ENSUITE POUR DONNER DES FRUITS, PRODUISANT CERTAINES VITAMINES BENEFIQUES POUR LE CORPS HUMAIN. ENCORE UNE FOIS, UN SEUL FRUIT POSSEDE DE NOMBREUSES CARACTERISTIQUES.

PAR EXEMPLE, ALORS QUE LA GRAINE DU RAISIN EST FROIDE ET SECHE, SA PARTIE CHARNUE EST CHAUDE ET JUTEUSE. QU'UN FRUIT DEVELOPPE DIVERSES CARACTERISTIQUES A PARTIR D'UNE SEULE GRAINE, EN DEPIT DE CHACUNE D'ELLES QUI SONT EXPOSEES AUX MEMES INFLUENCES, EST SANS AUCUN DOUTE L'ŒUVRE D'UN CREATEUR INFINIMENT PUISSANT ET SAGE. EN OUTRE, ALLAH, GLOIRE A LUI, A FAIT QUE LA FLORE SOIT UNE PHARMACIE NATURELLE EN MATIERE DE GUERISON DE NOMBREUSES MALADIES.

CERTAINES PLANTES SONT DES REMEDES, SOURCES DE NUTRITION ; ELLES REVIGORENT LE CORPS. TANDIS QUE D'AUTRES ONT LA FONCTION DE RETABLIR, D'AUTRES, ETANT TOXIQUES, SONT MORTELLES. UNE FOIS CONSOMMEE, UNE PLANTE SUBIT UNE MUTATION POUR DEVENIR UN AUTRE ELEMENT. BEAUCOUP DE PLANTES PURIFIENT LE SANG. BEAUCOUP D'AUTRES DONNENT DE LA VIE ET DE L'ENERGIE. D'AUTRES APAISENT ET PERMETTENT DE (MIEUX) DORMIR. QUELLE CAUSE D'ETONNEMENT EST-CE LORSQUE PAR LE BIAIS DES PLANTES L'EAU ET L'ACIDE CARBONIQUE SONT TRANSFORMES EN SUCRE ET EN BOIS ET QUE L'OXYGENE EST LIBERE POUR QUE LES ORGANISMES PUISSENT RESPIRER !

IL N'Y A PAR CONSEQUENT PAS UNE SEULE FEUILLE OU UNE MAUVAISE HERBE QUI NE BOURGEONNE A PARTIR DU SOL SANS QUE CELA APPORTE UN QUELCONQUE BENEFICE A L'ETRE HUMAIN; TEL QUE L'HOMME N'A MEME PAS LE POUVOIR D'APPREHENDER CES CHOSES A LEUR BASE. UN ASSORTIMENT DE COULEURS, DE SENTEURS, DE GOUTS ET DE FEUILLES DE FORMES DISTINCTES DONT LES MAUVAISES HERBES APPAREMMENT ORDINAIRES PARVIENNENT A ENGRANGER DE LA PROFONDEUR DE LA TERRE, SONT DES MERVEILLES ABSOLUES QU'AUCUN CHIMISTE NE PEUT REUSSIR A REPRODUIRE.

L'HARMONIE ET L'ORDRE PREVALANT AU COURS DE LA CROISSANCE DES PLANTES EST UNE MANIFESTATION DISTINCTE DE LA MAJESTE DIVINE. UN PLATANE, PAR EXEMPLE, PRODUIT DES MILLIONS DE GRAINES CHAQUE ANNEE. POUR LEUR PERMETTRE DE SE DISPERSER DANS LEUR ENVIRONNEMENT, CES GRAINES POSSEDENT DES PARACHUTES TRANSPARENTS EN PLUME ;

ET AVEC L'AIDE DES VENTS SOUFFLANTS, ELLES SONT TRANSPORTEES VERS DES ENDROITS TRES ELOIGNES. SI CHAQUE GRAINE DEGAGEE PAR UN SIMPLE PLATANE DEVAIT FINIR PAR SE DEVELOPPER DANS UN ARBRE, LE MONDE ENTIER SUBIRAIT UNE INVASION DE PLATANES ! EN D'AUTRES TERMES, LA VASTE TERRE AURAIT ETE TROP PETITE POUR ACCUEILLIR UNE SEULE ESPECE D'ARBRE.

CET EXEMPLE PEUT ETRE ETENDU AUSSI A D'AUTRES FORMES DE VIE. EN FAIT, DES ANNEES AUPARAVANT, EN AUSTRALIE, ON A COMMENCE A UTILISER UNE ESPECE DE KAKITO POUR CONSTRUIRE DES HAIES. MAIS PARCE QU'IL N'Y EUT PAS D'INSECTES ORIGINAIRES D'AUSTRALIE HOSTILES AUX KAKITOS, LA PLANTE COMMENÇA A SE REPANDRE DE MANIERE CONTAGIEUSE.

UNE CROISSANCE RAPIDE QUI PLONGEA LES AUTOCHTONES DANS LE DESESPOIR FINIT PAR RECOUVRIR UNE ZONE AUSSI VASTE QUE L'ANGLETERRE, EN LONGUEUR ET EN LARGEUR. SEMANT LA DESTRUCTION PARTOUT, CETTE ESPECE A FAIT FUIR LES HABITANTS DE LA REGION TOUCHEE ET LAISSE PEU A PEU UNE FLOPEE DE VILLES FANTOMES DANS SON SILLAGE.

APRES AVOIR ETUDIE LE SOL DE FOND EN COMBLE, LES SCIENTIFIQUES ONT DECOUVERT UNE ESPECE D'INSECTES QUI NE SUBSISTAIT QUE GRACE AU KAKITO ET NE CONSOMMAIT RIEN D'AUTRE ; UN INSECTE QUI S'ETAIT DEVELOPPE TRES RAPIDEMENT ET QUI N'AVAIT PAS NON PLUS D'ENNEMIS CONNUS EN AUSTRALIE, TANT FAUNIQUES QUE FLORAUX. COMME PREVU, L'INSECTE AVAIT VAINCU TOUS LES KAKITOS EN TRES PEU DE TEMPS. AUJOURD'HUI, LES KAKITOS SONT RESERVES A UN SEUL SECTEUR ET SONT LOIN D'ETRE UNE MENACE.

EN CE QUI CONCERNE LES HORDES D'INSECTES IMPORTES POUR LUTTER CONTRE LES PLANTES DESTRUCTIVES, IL EN RESTE JUSTE ASSEZ POUR MAINTENIR LA PRESSION SUR CE QUI EST MAINTENANT UNE QUANTITE RARE DE KAKITOS. CELA MONTRE L'EXISTENCE DE QUELQUE CHOSE D'UN PEU MYSTERIEUX ET PRESQUE INEXPLICABLE ET DANS LE MEME TEMPS D'UN EQUILIBRE ECOLOGIQUE HARMONIEUX EFFICACE DANS TOUT L'UNIVERS.

*AUCUN ESPRIT SAIN NE PEUT DONC CONTESTER L'EXISTENCE D'UNE PUISSANCE QUI EMPECHERAIT CERTAINES ESPECES DE PLANTES ET D'ANIMAUX DE SE REPANDRE EXCESSIVEMENT ET D'AFFLIGER LA PLANETE. ENCORE UNE FOIS, CE QUI CONSTITUE UNE SOURCE D'EMERVEILLEMENT, C'EST LE FAIT QUE DES MILLIONS DE PLANTES ET DE FRUITS DISTINCTS APPARAISSENT A PARTIR DU COMPOSE DU SOL ! NOTRE SEIGNEUR, **AL-RAZZAQ**, L'ABSOLU FOURNISSEUR, PREPARE DONC DES BANQUETS A L'ATTENTION DES ETRES DE DIFFERENTES ESPECES...*

UN ETRE HUMAIN, PAR EXEMPLE, NE PEUT PAS CONSOMMER LA MAJORITE DE CE QUE MANGE UN MOUTON, ET VICE-VERSA. DES DISPOSITIONS SONT DONC REPARTIES PARMI LA CREATION SELON UN EQUILIBRE DELICAT. LE VERSET CORANIQUE CI-DESSOUS, MONTRANT LA PUISSANCE DIVINE DERRIERE L'APPROVISIONNEMENT ET LA DISTRIBUTION A L'EGARD DE LA CREATION, DONNE EN EFFET A REFLECHIR :

*« QUE DE BETES NE SE CHARGENT POINT DE LEUR PROPRE NOURRITURE ! C'EST ALLAH QUI LES NOURRIT AINSI QUE VOUS. ET C'EST LUI L'AUDIENT, L'OMNISCIENT. » **(SOURATE AL-ANKABUT, 29 : 60)***

QUAND ON Y PENSE, COMBIEN EST GRANDE LA MANIFESTATION DE LA MISERICORDE DIVINE DANS LE FAIT DE VOIR LES ETRES VIVANTS FOURNIR DES MOYENS MUTUELS POUR LA SURVIE DE CHACUN, AU POINT MEME OU UN OISEAU NOURRIT UN AUTRE OISEAU BLESSE EN LUI APPORTANT DANS SON BEC DES MORCEAUX DE NOURRITURE !

IL Y A UNE PROFONDE LEÇON DANS LE FAIT QUE D'INNOMBRABLES FESTINS DIVINS ONT ETE TENUS DEPUIS LE COMMENCEMENT DU MONDE, SANS RUPTURE ET SANS NEGLIGENCE DE NOURRIR UNE SEULE CREATURE VIVANTE, ET QUE CELA CONTINUE ENCORE EN CE MOMENT. ARRETONS-NOUS ICI POUR UN MOMENT ET REFLECHISSONS... LES TROIS-QUARTS DE LA SURFACE TERRESTRE SONT RECOUVERTS D'EAU.

UNE MAJORITE DU QUART RESTANT EST CONSTITUE DE DESERTS ET DE ZONES ROCHEUSES IMPROPRES A LA CROISSANCE DES PLANTES. SEULE UNE PARTIE DE CE QUI RESTE CONSTITUE LE SOL. MAIS LA PUISSANCE D'ALLAH, GLOIRE A LUI, C'EST QUE GRACE A UNE METAMORPHOSE INCESSANTE, LE SOL DEVIENT UNE SOURCE DE SUBSISTANCE POUR TOUS LES ETRES VIVANTS QUI PEUPLENT LA PLANETE.

QUI EST ALLAH ?

LE BUT DE LA CRÉATION

*ALLAH A CRÉÉ LES CRÉATURES AFIN QU'ELLES LE CONNAISSENT ET L'ADORENT. C'EST LÀ LE BUT QU'ILS DOIVENT ATTEINDRE, CAR, COMME LE DIT IBN AL-QAYYIM, QU'ALLAH LUI ACCORDE SA MISÉRICORDE, (LA CONNAISSANCE DE L'ADORÉ, PAR SES NOMS, ATTRIBUTS ET ACTES CONSTITUE LA CLEF DE L'APPEL DES PROPHÈTES ET LA CRÈME DE LEUR MESSAGE ; CAR DU DÉBUT À LA FIN, L'OBJECTIF DE CE MESSAGE RESTE LA CONNAISSANCE D'ALLAH). **AS-SWÂIQ AL-MURSALAT ALÂ AL DJAHAMIYA WAL MUATTILA D'IBN QAYYIM (1/150-151).***

CHERCHER À CONNAÎTRE ALLAH C'EST SE PRÉOCCUPER DU BUT POUR LEQUEL ON A ÉTÉ CRÉÉ ET S'EN DÉTOURNER REVIENT À NÉGLIGER CE BUT. LA FOI NE SE LIMITE PAS SEULEMENT AUX PAROLES ; LA VRAIE FOI EN ALLAH IMPLIQUE LA CONNAISSANCE PAR LE SERVITEUR DE SON SEIGNEUR, DE PAR SES NOMS ET ATTRIBUTS. ET SA FOI SE CONSOLIDE PROPORTIONNELLEMENT À SA CONNAISSANCE DE SON SEIGNEUR.

LA CONNAISSANCE D'ALLAH POUSSE À L'AIMER, À LE CRAINDRE, À NOURRIR DE L'ESPOIR AUPRÈS DE LUI ET À ŒUVRER DE MANIÈRE SINCÈRE POUR LUI. C'EST ÇA LE BONHEUR VÉRITABLE POUR LE SERVITEUR. IL N'EST PAS, PAR AILLEURS, POSSIBLE DE CONNAÎTRE ALLAH SANS, AU PRÉALABLE, CONNAÎTRE SES BEAUX NOMS ET LEUR SIGNIFICATION.

LA CONNAISSANCE DES NOMS ET ATTRIBUTS D'ALLAH, LE TRÈS-HAUT, EST ABSOLUMENT LA MEILLEURE ET LA PLUS ILLUSTRE DES CONNAISSANCES, CAR LA GRANDEUR DE LA SCIENCE DÉPEND DE L'OBJET DE CETTE SCIENCE QUI EST ICI ALLAH, LE TRÈS-HAUT, À TRAVERS SES NOMS, SES ATTRIBUTS ET ACTIONS. SE PRÉOCCUPER DE LA COMPRÉHENSION ET LA QUÊTE DE CETTE SCIENCE, C'EST SE PRÉOCCUPER DE L'OBJECTIF ULTIME ; ET, POUR UN INDIVIDU, L'ACQUÉRIR FAIT PARTIE DES PLUS GRANDS DONS.

*C'EST AINSI QUE POUR FACILITER AUX ÊTRES HUMAINS LA COMPRÉHENSION DE LEUR SEIGNEUR, ALLAH A ENVOYÉ À TRAVERS LES ÉPOQUES DES PROPHÈTES AVEC DES INSTRUCTIONS ET DES LIVRES OÙ IL S'EST LUI-MÊME DÉCRIT DANS UN STYLE CLAIR ET SANS AMBIGUÏTÉS POUR QUE CES DERNIERS PUISSENT DISTINGUER DES IDOLES ET FAUX DIEUX, **LE VRAI DIEU UNIQUE DIGNE D'ADORATION**.*

LA DESCRIPTION D'ALLAH DANS LE CORAN ET LES ENSEIGNEMENTS PROPHÉTIQUES EST REPARTIE EN TROIS BRANCHES FORMANT LE CREDO DU MONOTHÉISME PUR ET LE CONCEPT DE L'UNICITÉ DIVINE QU'ONT PRÊCHÉ TOUS LES PROPHÈTES D'ADAM À MUHAMMAD (PAIX ET BÉNÉDICTIONS D' ALLAH SUR EUX) :

1. ***L'UNICITÉ D'ALLAH DANS LA SEIGNEURIE (TAWHID RUBUBIYAH),***

2. ***L'UNICITÉ D'ALLAH DANS LA DIVINITÉ (TAWHID ULUHIYYAH) ET***

3. ***L'UNICITÉ D'ALLAH DANS SES NOMS ET ATTRIBUTS (TAWHID AL ASMAA WA SIFFAT).***

CES TROIS FORMES CONSTITUENT, DANS LEUR ENSEMBLE, L'ÂME, LA PAIX « LA GAIETÉ ET LA DÉLIVRANCE DE LA DÉTRESSE », L'ORIGINE ET LA FIN DE LA FOI. PLUS LE SERVITEUR APPROFONDIT SES CONNAISSANCES EN CE QUI CONCERNE LES NOMS ET ATTRIBUTS D'ALLAH, PLUS SA FOI ET SES CONVICTIONS SE CONSOLIDENT. (AT-TAWDHIH WAL BAYÂN LI SHADJARAT AL-ÎMÂN DE AS-SAADI, P.41.)

CES TROIS BRANCHES SERONT DÉVELOPPÉES DANS LE BUT DE DÉCRIRE ALLAH ET SES CARACTÉRISTIQUES OU ATTRIBUTS D'APRÈS LES VERSETS CORANIQUES ET LA TRADITION PROPHÉTIQUE TELLE TRANSMISE PAR MUHAMMAD (PAIX ET BÉNÉDICTIONS D'ALLAH SUR LUI).

1. *CONNAISSANCE D'ALLAH À TRAVERS SON UNICITÉ DANS LA SEIGNEURIE (TAWHID RUBUBIYAH)*

L'UNICITÉ D'ALLAH AU SENS GÉNÉRAL DU TERME CONSISTE À PROCLAMER QU'ALLAH EST UNIQUE DANS TOUTES SES CARACTÉRISTIQUES QUI LUI SONT PROPRES. L'UNICITÉ D'ALLAH DANS LA SEIGNEURIE : C'EST UNIFIER ALLAH DANS SES ACTES.

CELA SIGNIFIE QU'ALLAH EST LE SEUL CRÉATEUR, COMMANDEUR, ROI, ET GÉRANT. IL EST LE CRÉATEUR DE TOUTES CHOSES, LES FAISANT EXISTER À PARTIR DU NÉANT, SANS ASSOCIÉ NI ASSISTANT. L'UNICITÉ D'ALLAH DANS LA SEIGNEURIE CONSISTE DONC À RECONNAÎTRE ALLAH DANS CES TROIS CAS COMME LE SEUL À POSSÉDER :

- *LES ATTRIBUTS DE LA CRÉATION (KHLAQ)*
- *LES ATTRIBUTS DE LA POSSESSION (ROYAUTÉ - MOULK)*
- *LES ATTRIBUTS DE LA GESTION DE L'UNIVERS (TADBIR)*

  - *« ALLAH EST LE **CRÉATEUR** DE TOUTE CHOSE, ET DE TOUTE CHOSE IL EST **GARANT** » CORAN 39 : 62*

  - *« Ô HOMMES ! RAPPELEZ-VOUS LE BIENFAIT D'ALLAH SUR VOUS : EXISTE-T-IL EN DEHORS D'ALLAH, UN CRÉATEUR QUI DU CIEL ET DE LA TERRE VOUS ATTRIBUE VOTRE SUBSISTANCE ? POINT DE DIVINITÉ À PART LUI ! COMMENT POUVEZ-VOUS VOUS DÉTOURNER [DE CETTE VÉRITÉ]? » CORAN 35 : 3*

  - *« BÉNI SOIT CELUI DANS LA MAIN DE QUI EST LA ROYAUTÉ, ET IL EST OMNIPOTENT». CORAN 67 : 1*

  - *« VOTRE SEIGNEUR, C'EST ALLAH, QUI A CRÉÉ LES CIEUX ET LA TERRE EN SIX JOURS, PUIS S'EST ÉTABLI "ISTAWA" SUR LE TRÔNE. IL COUVRE LE JOUR DE LA NUIT QUI POURSUIT CELUI-CI SANS ARRÊT. (IL A CRÉÉ) LE SOLEIL, LA LUNE ET LES ÉTOILES, SOUMIS À SON COMMANDEMENT. LA CRÉATION ET LE COMMANDEMENT N'APPARTIENNENT QU'À LUI. TOUTE GLOIRE À ALLAH, SEIGNEUR DE L'UNIVERS!» CORAN 7 : 54*

  - *IL EST AUSSI À RAPPELER QUE BIEN NOMBRES DE CEUX QUI RENIENT ALLAH DANS L'ADORATION, RECONNAISSENT TOUT DU MOINS QUE C'EST LUI ALLAH DANS CETTE CATÉGORIE DE L'UNICITÉ QU'APPARTIENT LA SEIGNEURIE : « **DIS : "A QUI APPARTIENT LA TERRE ET CEUX QUI Y SONT ? SI VOUS SAVEZ".** ILS DIRONT : "A ALLAH". DIS : "NE VOUS SOUVENEZ-VOUS DONC PAS ? " **DIS : "QUI EST LE SEIGNEUR DES SEPT CIEUX ET LE SEIGNEUR DU TRÔNE SUBLIME ? "** ILS DIRONT : [ILS APPARTIENNENT] "A ALLAH". DIS : "NE CRAIGNEZ-VOUS DONC PAS ? " **DIS : "QUI DÉTIENT DANS SA MAIN LA ROYAUTÉ ABSOLUE DE TOUTE CHOSE, ET QUI PROTÈGE ET N'A PAS BESOIN D'ÊTRE PROTÉGÉ ? [DITES], SI VOUS LE SAVEZ ! "** ILS DIRONT : "ALLAH". DIS : "COMMENT DONC SE FAIT-IL QUE VOUS SOYEZ ENSORCELÉS ? " [AU POINT DE NE PAS CROIRE EN LUI].» CORAN 23 : 84-89*

- *« ET SI TU LEUR DEMANDES : "QUI A CRÉÉ LES CIEUX ET LA TERRE ? " ILS DIRONT TRÈS CERTAINEMENT : "LE **PUISSANT, L'OMNISCIENT** LES A CRÉÉS". »* **CORAN 43 : 9**

- *« ET SI TU LEUR DEMANDES QUI LES A CRÉÉS, ILS DIRONT TRÈS CERTAINEMENT : "ALLAH". COMMENT SE FAIT-IL DONC QU'ILS SE DÉTOURNENT?»* **CORAN 43 : 87**

2. *CONNAISSANCE D'ALLAH À TRAVERS SON UNICITÉ DANS L'ADORATION (TAWHID ULUHIYAH)*

L'UNICITÉ D'ALLAH DANS L'ADORATION : C'EST UNIFIER ALLAH DANS LES ACTES DES SERVITEURS. SON SENS EST DE VOUER TOUTES LES FORMES D'ADORATION À ALLAH, SEUL, SANS AUCUN ASSOCIÉ QU'IL S'AGISSE DU SACRIFICE, DU VŒU, DE L'INVOCATION, DE LA PLEINE CONFIANCE, DE LA PEUR, DE L'ESPÉRANCE, DU RETOUR PAR L'ADORATION, DU DÉSIR, DE LA FRAYEUR, DE LA CRAINTE…ET AUTRES TYPES D'ADORATION.

- *« JE N'AI CRÉÉ LES DJINNS (GÉNIES) ET LES HOMMES QUE POUR QU'ILS M'ADORENT.»* **CORAN 51 : 56**

- *« ET VOTRE DIVINITÉ EST UNE DIVINITÉ UNIQUE.* **PAS DE DIVINITÉ À PART LUI, LE TOUT MISÉRICORDIEUX, LE TRÈS MISÉRICORDIEUX.»** *CORAN 2 : 163*

- *« ALLAH ATTESTE, ET AUSSI LES ANGES ET LES DOUÉS DE SCIENCE,* **QU'IL N'Y A POINT DE DIVINITÉ À PART LUI, LE MAINTENEUR DE LA JUSTICE. POINT DE DIVINITÉ À PART LUI, LE PUISSANT, LE SAGE !»** *CORAN 3 : 18*

- *TOUS CEUX QUI ADORENT AUTRES QU'ALLAH, N'ADORENT QUE DES IDOLES OU NOMS QU'ILS ONT EUX-MÊMES INVENTÉS OU FABRIQUÉ SANS AUCUNE PREUVE DIVINE. « CE NE SONT QUE DES NOMS QUE VOUS AVEZ INVENTÉS, VOUS ET VOS ANCÊTRES. ALLAH N'A FAIT DESCENDRE AUCUNE PREUVE À LEUR SUJET. ILS NE SUIVENT QUE LA CONJECTURE ET LES PASSIONS DE [LEURS] ÂMES, ALORS QUE LA GUIDÉE LEUR EST VENUE DE LEUR SEIGNEUR.» CORAN 53 : 23*

- *« ET QUICONQUE D'ENTRE EUX DIRAIT : "JE SUIS UNE DIVINITÉ EN DEHORS DE LUI". NOUS LE RÉTRIBUERONS DE L'ENFER. C'EST AINSI QUE NOUS RÉTRIBUONS LES INJUSTES.» CORAN 21 : 25*

- *C'ÉTAIT ÉGALEMENT LE MESSAGE DE TOUS LES PROPHÈTES, COMME LE DÉMONTRENT CES VERSETS : « NOUS AVONS ENVOYÉ NOÉ VERS SON PEUPLE. IL DIT :* **"Ô MON PEUPLE, ADOREZ ALLAH. POUR VOUS, PAS D'AUTRE DIVINITÉ QUE LUI.** *JE CRAINS POUR VOUS LE CHÂTIMENT D'UN JOUR TERRIBLE".» CORAN 7 : 59*

- *« ET NOUS N'AVONS ENVOYÉ AVANT TOI AUCUN MESSAGER À QUI NOUS N'AYONS RÉVÉLÉ :* **"POINT DE DIVINITÉ EN DEHORS DE MOI. ADOREZ-MOI DONC".»** *CORAN 21 : 25*

- *« NOUS AVONS ENVOYÉ DANS CHAQUE COMMUNAUTÉ UN MESSAGER, [POUR LEUR DIRE]:* **"ADOREZ ALLAH ET ÉCARTEZ-VOUS DU TAGUT (IDOLE)"»** *CORAN 16 : 36*

- *CONTRAIREMENT À CERTAINS JUIFS ET CHRÉTIENS QUI ONT PRIS LEUR PROPHÈTE, ANGES, RABBINS POUR DIVINITÉS AUTRE QU'ALLAH, COMME LE SOULIGNE ALLAH DANS LE CORAN EN CES TERMES : « …ILS ONT PRIS*

LEURS RABBINS ET LEURS MOINES, AINSI QUE LE CHRIST FILS DE MARIE, COMME SEIGNEURS EN DEHORS D'ALLAH, ALORS QU'ON NE LEUR A COMMANDÉ QUE D'ADORER UN DIEU UNIQUE. PAS DE DIVINITÉ À PART LUI ! GLOIRE À LUI ! IL EST AU-DESSUS DE CE QU'ILS [LUI] ASSOCIENT... » **CORAN 9 : 31**

- *« CERTES SONT MÉCRÉANTS CEUX QUI DISENT : "ALLAH, C'EST LE MESSIE, FILS DE MARIE ! " - DIS : "QUI DONC DÉTIENT QUELQUE CHOSE D'ALLAH (POUR L'EMPÊCHER), S'IL VOULAIT FAIRE PÉRIR LE MESSIE, FILS DE MARIE, AINSI QUE SA MÈRE ET TOUS CEUX QUI SONT SUR LA TERRE ? ... A ALLAH SEUL APPARTIENT LA ROYAUTÉ DES CIEUX ET DE LA TERRE ET DE CE QUI SE TROUVE ENTRE LES DEUX". IL CRÉE CE QU'IL VEUT. ET ALLAH EST OMNIPOTENT. »* **CORAN 5 : 17**

- *« CE SONT, CERTES, DES MÉCRÉANTS CEUX QUI DISENT : "EN VÉRITÉ, ALLAH C'EST LE MESSIE, FILS DE MARIE."... »* **CORAN 5 : 72.** *ALLAH REJETTE ENTIÈREMENT LEUR FONDEMENT (SELON LEQUEL CES PROPHÈTES AURAIENT RÉCLAMÉ LA DIVINITÉ) EN SOUTENANT SES MESSAGERS QUI NE SAURAIENT SE REVENDIQUER LA VÉNÉRATION AUX CÔTÉS DU CRÉATEUR ABSOLU (ALLAH) QUI LES A ENVOYÉS.*

- *« IL NE CONVIENDRAIT PAS À UN ÊTRE HUMAIN À QUI ALLAH A DONNÉ LE LIVRE, LA COMPRÉHENSION ET LA PROPHÉTIE, DE DIRE ENSUITE AUX GENS : "SOYEZ MES ADORATEURS, À L'EXCLUSION D'ALLAH"; MAIS AU CONTRAIRE, [IL DEVRA DIRE]: "DEVENEZ DES SAVANTS, OBÉISSANT AU SEIGNEUR, PUISQUE VOUS ENSEIGNEZ LE LIVRE ET VOUS L'ÉTUDIEZ". ET IL NE VA PAS VOUS RECOMMANDER DE PRENDRE POUR SEIGNEURS ANGES ET PROPHÈTES. VOUS COMMANDERAIT-IL DE REJETER LA FOI, VOUS QUI ÊTES MUSULMANS ?»* **CORAN 3 : 79-80**

- *« ET DEMANDE (MUHAMMAD) À CEUX DE NOS MESSAGERS QUE NOUS AVONS ENVOYÉS AVANT TOI (MUHAMMAD), SI NOUS AVONS INSTITUÉ, EN DEHORS DU TOUT MISÉRICORDIEUX, DES DIVINITÉS À ADORER ?»* **CORAN 43 : 45** *« ...ALORS QUE LE MESSIE A DIT : "Ô ENFANTS D'ISRAËL, ADOREZ ALLAH, MON SEIGNEUR ET VOTRE SEIGNEUR". QUICONQUE ASSOCIE À ALLAH (D'AUTRES DIVINITÉS) ALLAH LUI INTERDIT LE PARADIS; ET SON REFUGE SERA LE FEU. ET POUR LES INJUSTES, PAS DE SECOUREURS ! CE SONT CERTES DES MÉCRÉANTS, CEUX QUI DISENT : "EN VÉRITÉ, ALLAH EST LE TROISIÈME DE TROIS. (TRINITÉ)" ALORS QU'IL N'Y A DE DIVINITÉ QU'UNE DIVINITÉ UNIQUE !*

- *ET S'ILS NE CESSENT DE LE DIRE, CERTES, UN CHÂTIMENT DOULOUREUX TOUCHERA LES MÉCRÉANTS D'ENTRE EUX. **NE VONT-ILS DONC PAS SE REPENTIR À ALLAH ET IMPLORER SON PARDON ? CAR ALLAH EST PARDONNEUR ET MISÉRICORDIEUX. LE MESSIE, FILS DE MARIE, N'ÉTAIT QU'UN MESSAGER. DES MESSAGERS SONT PASSÉS AVANT LUI. ET SA MÈRE ÉTAIT UNE VÉRIDIQUE. ET TOUS DEUX CONSOMMAIENT DE LA NOURRITURE. VOIS COMME NOUS LEUR EXPLIQUONS LES PREUVES ET PUIS VOIS COMME ILS SE DÉTOURNENT. DIS : "ADOREZ-VOUS, AU LIEU D'ALLAH, CE QUI N'A LE POUVOIR DE VOUS FAIRE NI LE***

MAL NI LE BIEN ? " OR C'EST ALLAH QUI EST L'AUDIENT ET L'OMNISCIENT. » CORAN 5 : 72-76

- *« Ô GENS DU LIVRE (CHRÉTIENS), N'EXAGÉREZ PAS DANS VOTRE RELIGION, ET NE DITES D'ALLAH QUE LA VÉRITÉ. LE MESSIE JÉSUS, FILS DE MARIE, N'EST QU'UN MESSAGER D'ALLAH, SA PAROLE QU'IL ENVOYA À MARIE, ET UN SOUFFLE (DE VIE) VENANT DE LUI. CROYEZ DONC EN ALLAH ET EN SES MESSAGERS. ET NE DITES PAS "TROIS" (TRINITÉ). CESSEZ ! CE SERA MEILLEUR POUR VOUS. ALLAH N'EST QU'UN DIEU UNIQUE. IL EST TROP GLORIEUX POUR AVOIR UN ENFANT. C'EST À LUI QU'APPARTIENT TOUT CE QUI EST DANS LES CIEUX ET SUR LA TERRE ET ALLAH SUFFIT COMME PROTECTEUR. JAMAIS LE MESSIE NE TROUVE INDIGNE D'ÊTRE UN SERVITEUR D'ALLAH, NI LES ANGES RAPPROCHÉS [DE LUI]. ET CEUX QUI TROUVENT INDIGNE DE L'ADORER ET S'ENFLENT D'ORGUEIL... IL LES RASSEMBLERA TOUS VERS LUI. » CORAN 4 : 170-172*

- *C'EST AINSI QUE LE JOUR DU JUGEMENT DERNIER, ALLAH DEMANDERA À JÉSUS (PAIX ET BÉNÉDICTIONS SUR LUI) SI C'EST LUI QUI A ORDONNÉ AUX GENS DE LE PRENDRE AINSI QUE SA MÈRE COMME DIVINITÉS ? CE QUE JÉSUS (PAIX SUR LUI) DÉMENTIRA. « (RAPPELLE-LEUR) LE MOMENT OÙ ALLAH DIRA : "Ô JÉSUS, FILS DE MARIE, EST-CE TOI QUI AS DIT AUX GENS : "PRENEZ-MOI, AINSI QUE MA MÈRE, POUR DEUX DIVINITÉS EN DEHORS D'ALLAH ? " IL DIRA : "GLOIRE ET PURETÉ À TOI ! IL NE M'APPARTIENT PAS DE DÉCLARER CE QUE JE N'AI PAS LE DROIT DE DIRE ! SI JE L'AVAIS DIT, TU L'AURAIS SU, CERTES. TU SAIS CE QU'IL Y A EN MOI, ET JE NE SAIS PAS CE QU'IL Y A EN TOI. TU ES, EN VÉRITÉ, LE GRAND CONNAISSEUR DE TOUT CE QUI EST INCONNU. JE NE LEUR AI DIT QUE CE TU M'AVAIS COMMANDÉ, (À SAVOIR) : "ADOREZ ALLAH, MON SEIGNEUR ET VOTRE SEIGNEUR". ET JE FUS TÉMOIN CONTRE EUX AUSSI LONGTEMPS QUE JE FUS PARMI EUX. PUIS QUAND TU M'AS RAPPELÉ, C'EST TOI QUI FUS LEUR OBSERVATEUR ATTENTIF. ET TU ES TÉMOIN DE TOUTE CHOSE. SI TU LES CHÂTIES, ILS SONT TES SERVITEURS. ET SI TU LEUR PARDONNES, C'EST TOI LE PUISSANT, LE SAGE".» CORAN 5 : 116-118*

3. *CONNAISSANCE D'ALLAH À TRAVERS SON UNICITÉ DANS SES BEAUX NOMS ET ATTRIBUTS (TAWHID AL ASMAA WA SIFFAT)*

L'UNICITÉ D'ALLAH DANS SES NOMS ET ATTRIBUTS : C'EST UNIFIER ALLAH PAR LES NOMS AVEC LESQUELS IL S'EST LUI-MÊME NOMMÉ, OU CEUX AVEC LESQUELS LE PROPHÈTE (PAIX ET BÉNÉDICTIONS D'ALLAH SUR LUI) L'A NOMMÉ, PAR CE QU'IL S'EST LUI-MÊME DÉCRIT, OU CE AVEC QUOI LE PROPHÈTE (PBASL) L'A DÉCRIT. ET CECI :

- *SANS S'INTERROGER SUR LE COMMENT DE L'ESSENCE OU LA RÉALITÉ DE SES NOMS ET ATTRIBUTS (TAKYIF) (SE LIMITANT JUSTE À LA DESCRIPTION FAITE PAR ALLAH) : PAR EXEMPLE, ALLAH S'EST ÉTABLI SUR LE TRÔNE (ISTAWA). SON ÉTABLISSEMENT SUR LE TRÔNE EST CONNU MAIS LE COMMENT NE L'EST PAS PUISQU'ALLAH NE L'A PAS DÉCRIT. DONC QUESTIONNER LE COMMENT REVIENDRAIT À RECHERCHER UNE SCIENCE POUR LAQUELLE ALLAH PAR SA SAGESSE NE NOUS L'A PAS ENSEIGNÉE, CE QUI CONDUIRAIT PAR CONSÉQUENT À LA MÉCRÉANCE.*

- *SANS RECOURIR À DES COMPARAISONS OU SIMILITUDES ENTRE SES ATTRIBUTS ET LES ATTRIBUTS DE SA CRÉATION (TAMTHIL) : LE FAIT DE DIRE DANS SON CŒUR OU AVEC SA LANGUE QUE LES ATTRIBUTS D'ALLAH SONT SEMBLABLES À CEUX DE SES CRÉATURES.*

- *SANS DÉFORMATION DES ATTRIBUTS (TAHRIF) : LE FAIT DE MODIFIER LES TERMES D'UN TEXTE OU DE SON SENS.*

    - *EXEMPLE DE MODIFICATIONS DES TERMES D'UN TEXTE : ENTRE AUTRE L'AJOUT D'UNE LETTRE, COMME TRANSFORMER « ISTAWA » (S'ÉTABLIR) PAR « ISTAWLA » (S'EMPARER). C.-À-D., AU LIEU DE DIRE QU'ALLAH S'EST ÉTABLI SUR SON TRÔNE, DIRE QU'IL S'EST EMPARÉ OU A PRIS POSSESSION DU TRÔNE.*

    - *EXEMPLE DE MODIFICATIONS DU SENS D'UN TEXTE : CEUX QUI DÉFORMENT LE SENS DU TERME « MAINS » DANS LE VERSET « SES DEUX MAINS SONT LARGEMENT OUVERTES », EN DISANT QUE LES MAINS SIGNIFIENT SA PUISSANCE, OU SES BIENFAITS, OU AUTRE..*

- *SANS NIER LES ATTRIBUTS (TA'TIL) : LE FAIT DE NIER CE QU'IL EST OBLIGATOIRE D'AFFIRMER COMME NOMS ET ATTRIBUTS. AVANT DE RESSORTIR LES NOMS ET ATTRIBUTS D'ALLAH TELS MENTIONNÉS DANS LE CORAN ET LA TRADITION PROPHÉTIQUE, IL EST NÉCESSAIRE D'ÉNONCER LES CONDITIONS PERMETTANT DE COMPRENDRE LE SENS DE CES NOMS ET ATTRIBUTS EN FONCTION DE CE QU'ALLAH A RÉVÉLÉ À SON MESSAGER MUHAMMAD (PBASL).*

LA DIFFÉRENCE ENTRE LE NOM ET L'ATTRIBUT

LA DIFFÉRENCE ENTRE LE NOM ET L'ATTRIBUT, C'EST QUE LE NOM EST CE PAR QUOI ALLAH S'EST NOMMÉ ET L'ATTRIBUT EST CE PAR QUOI ALLAH S'EST DÉCRIT ET ENTRE LES DEUX IL Y A UNE DISSIMILITUDE CLAIRE CAR LE NOM (AL-ISM) FAIT CAS DE [NOM] PROPRE ('ALAMAN) D'ALLAH –'AZZA WA DJALLA- ENGLOBANT (MUTADAMMIN) L'ATTRIBUT. ET IL EST INDISPENSABLE POUR AFFIRMER [CORRECTEMENT] LE NOM, D'AFFIRMER [AUSSI] L'ATTRIBUT. EN EXEMPLE :

- ***"... ALLAH EST PARDONNEUR (GHAFÛRUN) ET MISÉRICORDIEUX (RAHÎMUN)."(CORAN 2 :173).***

(GHAFÛRUN) : UN NOM IMPLIQUANT [L'ATTRIBUT DU] PARDON (AL-MAGHFIRAH) ET (RAHÎMUN); L'AFFIRMATION (ITHBÂT) [DE L'ATTRIBUT DE] LA MISÉRICORDE (AR-RAHMAH). [MAIS PARFOIS,] IL N'EST PAS NÉCESSAIRE, [À PARTIR] DE L'AFFIRMATION DE L'ATTRIBUT, L'AFFIRMATION DU NOM COMME PAR EXEMPLE [L'ATTRIBUT] DE LA PAROLE (AL-KALÂM) : NOUS NE DEVONS PAS AFFIRMER À ALLAH LE NOM DE LOCUTEUR (AL-MUTAKALLIM).

*PAR CONSÉQUENT, L'ATTRIBUT EST [BIEN] PLUS VASTE CAR CHAQUE NOM ENGLOBE UN ATTRIBUT ALORS QUE CHAQUE ATTRIBUT N'ENGLOBE [FORCÉMENT] PAS, UN NOM. **TIRÉ DE « MADJMÛ' FATÂWÂ WA RASÂ IL AC-CHEIKH IBN 'OUTHAYMÎN » TOME 1, QUESTION 51***

CONDITIONS RELATIVES À LA COMPRÉHENSION
DES NOMS ET ATTRIBUTS DIVINS

PRÉLIMINAIRE *: CROIRE EN ALLAH C'EST CROIRE QU'ALLAH POSSÈDE UNE ENTITÉ ET DES NOMS ET DES ATTRIBUTS, LES RÈGLES APPLIQUÉES À L'ENTITÉ D'ALLAH SONT LES MÊMES APPLIQUÉES AUX NOMS ET AUX ATTRIBUTS D'ALLAH EN CE QUI CONCERNE L'AFFIRMATION ET LA NÉGATION. PARMI CES RÈGLES, À TITRE D'EXEMPLE, NE FAIRE AUCUNE RESSEMBLANCE ENTRE ALLAH ET SES CRÉATURES QUE CE SOIT AU NIVEAU DE SON ENTITÉ OU DE SES NOMS ET ATTRIBUTS. LA DESCRIPTION ET LA COMPRÉHENSION DES NOMS DIVINS ET ATTRIBUTS SONT BASÉES SUR TROIS PRINCIPES FONDAMENTAUX :*

1. ***PREMIER PRINCIPE*** *: LA FOI AUX NOMS ET ATTRIBUTS D'ALLAH QUI ONT ÉTÉ MENTIONNÉES UNIQUEMENT DANS LE CORAN ET LA TRADITION PROPHÉTIQUE EN AFFIRMATION CEUX QUI Y SONT AFFIRMÉS ET EN RÉFUTANT CEUX QUI Y SONT RÉFUTÉS.*

2. ***DEUXIÈME PRINCIPE*** *: EXALTER ET ÉLEVER LES NOMS ET ATTRIBUTS D'ALLAH AU-DESSUS DE TOUT ET EN TOUTE CIRCONSTANCE OÙ LES MÊMES TERMES SONT AUSSI EMPLOYÉS POUR DÉSIGNER LES ATTRIBUTS DES CRÉATURES*

3. ***TROISIÈME PRINCIPE*** *: ABANDONNER TOUTE TENTATIVE DE CERNER COMMENT ALLAH SE MANIFESTE À TRAVERS CES ATTRIBUTS QUI LE CARACTÉRISENT.*

PRINCIPES DE BASE

PREMIER PRINCIPE

LA FOI AUX NOMS ET ATTRIBUTS D'ALLAH TELS QUE MENTIONNÉS DANS LE CORAN ET LA TRADITION PROPHÉTIQUES.

LES TEXTES DU CORAN ET DE LA TRADITION PROPHÉTIQUE SONT LES SEULES ET UNIQUES SOURCES POUR AFFIRMER OU RÉFUTER LES NOMS ET ATTRIBUTS D'ALLAH. LES NOMS ET ATTRIBUTS QUI ONT ÉTÉ MENTIONNÉS AVEC AFFIRMATION DOIVENT OBLIGATOIREMENT ÊTRE AFFIRMÉS : TELS QUE CEUX QU'ALLAH A AFFIRMÉ POUR LUI-MÊME COMME QUE LA VIE, LA SCIENCE, LA PUISSANCE, ET QU'IL EST OBLIGATOIRE D'AFFIRMER POUR ALLAH DE LA MANIÈRE QUI LUI CONVIENT VU QU'ALLAH LES AFFIRME POUR LUI-MÊME ET QU'IL SAIT SES ATTRIBUTS MIEUX QUE QUICONQUE.

TANDIS QUE CEUX QUI ONT ÉTÉ INFIRMÉS DOIVENT OBLIGATOIREMENT ÊTRE INFIRMÉS : TELS QUE CEUX QU'ALLAH INFIRME POUR LUI-MÊME COMME L'INJUSTICE ET QU'IL EST OBLIGATOIRE D'INFIRMER POUR ALLAH PUISQU'IL LES INFIRME LUI-MÊME. MAIS IL EST OBLIGATOIRE D'AFFIRMER LEURS CONTRAIRES DE FAÇON ABSOLUE POUR ALLAH. CAR LA NÉGATION N'EST ABSOLUE QUE SI ELLE IMPLIQUE L'AFFIRMATION DE SON CONTRAIRE. ET AUSSI INFIRMÉ TOUTE RESSEMBLANCE ENTRE LE CRÉATEUR ET LES CRÉATURES COMME ALLAH LES A INFIRMÉ LUI-MÊME DANS LE CORAN.

PERSONNE N'EST PLUS CONNAISSEUR DES NOMS ET ATTRIBUTS D'ALLAH QUE LUI-MÊME. DONC TOUS LES ATTRIBUTS QU'ALLAH AFFIRME POUR LUI-MÊME OU INFIRME POUR LUI-MÊME, DOIVENT ÊTRE AFFIRMÉS OU INFIRMÉS COMME TEL SANS QUESTIONNER LE COMMENT (TAKYIF), NI DONNER DES SIMILITUDES (TAMTHIL) AVEC SES CRÉATURES, NI MODIFIER LE SENS DES TERMES (TAHRIF) ET NON PLUS LES REJETER (TA'KIL). CAR PERSONNE N'EST PLUS CONNAISSEUR DE CES ATTRIBUTS QU'ALLAH ET LA RAISON EST INCAPABLE DE CONCEVOIR LES NOMS DIGNES D'ALLAH COMME IL LE MÉRITE. CES POINTS SONT ÉVOQUÉS DANS LE CORAN EN CES TERMES :

- *« ….DIS : "EST-CE VOUS LES PLUS SAVANTS, OU ALLAH ? "» CORAN 2 : 140*

- *NUL N'EST DONC PLUS SAVANT QU'ALLAH POUR LUI ATTRIBUER DES NOMS OU ATTRIBUTS QU'IL N'A PAS LUI-MÊME APPROUVÉ. C'EST AINSI QU'ALLAH CONDAMNE CEUX QUI LUI ATTRIBUE UN FILS SANS PREUVE ÉVIDENTE EN LES DÉFIANT SI CE SONT EUX QUI DÉTIENNENT LE SAVOIR OU SI C'EST LUI ALLAH ? « **ILS DISENT : "ALLAH S'EST DONNÉ UN ENFANT" GLOIRE ET PURETÉ À LUI ! IL EST LE RICHE PAR EXCELLENCE. A LUI APPARTIENT TOUT CE QUI EST AUX CIEUX ET SUR LA TERRE; - VOUS N'AVEZ POUR CELA AUCUNE PREUVE. ALLEZ-VOUS DIRE CONTRE ALLAH CE QUE VOUS NE SAVEZ PAS ? »** CORAN 10 : 68*

- *« ….ET QUI EST PLUS VÉRIDIQUE QU'ALLAH EN PAROLE ?» CORAN 4 : 122*

- *« .. NUL NE PEUT TE DONNER DES NOUVELLES COMME CELUI QUI EST PARFAITEMENT INFORMÉ.» CORAN 35 : 14*

- *« C'EST LUI QUI, EN SIX JOURS, A CRÉÉ LES CIEUX, LA TERRE ET TOUT CE QUI EXISTE ENTRE EUX, ET LE TOUT MISÉRICORDIEUX S'EST ÉTABLI "ISTAWA" ENSUITE SUR LE TRÔNE. INTERROGE DONC QUI EST BIEN INFORMÉ DE LUI.» CORAN 25 : 59*

- *DONC ALLAH EST CELUI QUI SE DÉCRIT AVEC SES PAROLES À TRAVERS LE CORAN. DE MÊME IL N'Y A PERSONNE D'AUTRE QUI PUISSE DÉCRIRE ALLAH APRÈS ALLAH LUI-MÊME QUE LE PROPHÈTE MUHAMMAD (PBASL). ALLAH LUI-MÊME L'ÉVOQUE EN CES TERMES DANS LE CORAN : « ET IL (MUHAMMAD) NE PRONONCE RIEN SOUS L'EFFET DE LA PASSION; CE N'EST RIEN D'AUTRE QU'UNE RÉVÉLATION INSPIRÉE» CORAN 53 : 3-4*

L'INTELLIGENCE HUMAINE NE PEUT APPRÉHENDER LES NOMS ET ATTRIBUTS D'ALLAH À LA HAUTEUR DE L'ESSENCE ET DE LA NATURE RÉELLE D'ALLAH COMME IL SE DOIT. IL EST DONC IMPÉRATIF DE SE LIMITER SUR LES TEXTES DESCRIPTIFS D'ALLAH TELS QUE RÉVÉLÉS ET NE PAS EXTRAPOLER AU DELÀ EN Y AJOUTANT SES PROPRES INTERPRÉTATIONS BASÉES SUR L'INTELLECT NON JUSTIFIÉES PAR LES TEXTES.

L'INTELLECT OU LA RAISON HUMAINE EST INCAPABLE DE PERCEVOIR LA RÉALITÉ ET LES MYSTÈRES DE L'ÂME QUI FAIT PARTIE INTÉGRANTE DE SON CORPS. CAR ALLAH À GARDER SECRET CES MYSTÈRES POUR LUI-MÊME D'APRÈS SES PAROLES : « ET ILS T'INTERROGENT (MUHAMMAD) AU SUJET DE L'ÂME, - DIS : " L'ÂME RELÈVE DE L'ORDRE DE MON SEIGNEUR". ET ON NE VOUS A DONNÉ QUE PEU DE CONNAISSANCE.» CORAN 17 :85

SI DÉJÀ LA RAISON HUMAINE EST IGNORANTE DE LA RÉALITÉ ET DE L'ESSENCE MÊME DE SON ÂME, COMMENT OSERAIT-ELLE APPRÉHENDER LA RÉALITÉ ET L'ESSENCE DES NOMS ET ATTRIBUTS D'ALLAH QUI SONT PLUS COMPLEXES LORSQUE ALLAH A GARDÉ SECRET L'ESSENCE ET LES RÉALITÉS DE LA NATURE DE SES CRÉATURES (C'EST-À-DIRE : ÂME, ETC...) ? NOUS NE POUVONS COMPRENDRE QUE CE DONT ALLAH A VOULU QUE NOUS COMPRENONS DE SA CONNAISSANCE ET SAGESSE : « .. ET, DE SA SCIENCE, ILS (LES HUMAINS) N'EMBRASSENT QUE CE QU'IL VEUT.» CORAN 2 :255

IL EST À RAPPELER QUE L'INTELLECT EN SOI N'EST PAS DÉCOURAGÉ EN GÉNÉRAL, LE POINT QUI EST FAIT ICI EST QU'IL DOIT ÊTRE ASSOCIÉ AUX RÉVÉLATIONS DIVINES POUR POUVOIR RECONNAÎTRE SES LIMITES PAR RAPPORT À CE QU'ALLAH A CACHÉ DE SA CONNAISSANCE. ET CE POUR ÉVITER DE DONNER UNE INTERPRÉTATION AUTRE QUE CELLE QU'EST LA SCIENCE CACHÉE D'ALLAH. DONNER LA PRÉCÉDENCE SUR L'INTELLECT PAR RAPPORT AUX TEXTES DIVINS DANS CE CAS SERAIT ALORS SYNONYME DE MÉCRÉANCE.

NOUS DEVONS DONC CROIRE AUX DESCRIPTIONS DES NOMS ET ATTRIBUTS D'ALLAH TELS ÉVOQUÉS DANS LES TEXTES. CAR TOUS CEUX QUI ONT REJETÉ OU MODIFIÉ LES TEXTES À LEUR GUISE ONT ÉTÉ TOUJOURS PLONGÉ DANS LA

*CONFUSION : « **C'EST AINSI, CAR C'EST AVEC LA VÉRITÉ QU'ALLAH A FAIT DESCENDRE LE LIVRE; ET CEUX QUI S'OPPOSENT AU SUJET DU LIVRE SONT DANS UNE PROFONDE DIVERGENCE.** » CORAN 2 :176*

DEUXIÈME PRINCIPE

EXALTER ET ÉLEVER LES NOMS ET ATTRIBUTS D'ALLAH AU-DESSUS DE TOUT ; ET EN TOUTE CIRCONSTANCE OÙ LES MÊMES TERMES SONT AUSSI EMPLOYÉS POUR DÉSIGNER LES ATTRIBUTS DES CRÉATURES

CE PRINCIPE CONSISTE À EXALTER ALLAH ET ÉLEVER LES NOMS ET ATTRIBUTS D'ALLAH AU-DESSUS DE CEUX UTILISÉS POUR QUALIFIER SES CRÉATURES. ET CE EN INFIRMANT TOUTE RESSEMBLANCE OU SIMILITUDE ENTRE LES NOMS ET ATTRIBUTS D'ALLAH ET CEUX DE SES CRÉATURES. DE MÊME QU'EN ÉLEVANT ET EXEMPTANT LES NOMS ET ATTRIBUTS D'ALLAH DE TOUTE IMPERFECTION, DÉFAUT ET FAIBLESSE. CAR LES ATTRIBUTS DIVINS SONT TOUS DES ATTRIBUTS DE PERFECTION ET DE LOUANGE QUI NE PRÉSENTENT AUCUNE IMPERFECTION.

LES NOMS D'ALLAH L'EXALTÉ SONT TOUS PARFAITS : *ALLAH NE POSSÈDE QUE DE BEAUX NOMS QUI SONT TOUS À L' EXTRÊME DE PERFECTION, COMME INDIQUÉ DANS LE CORAN :*

- *« C'EST À ALLAH QU'APPARTIENNENT LES NOMS LES PLUS BEAUX. INVOQUEZ-LE PAR CES NOMS ET LAISSEZ CEUX QUI PROFANENT SES NOMS : ILS SERONT RÉTRIBUÉS POUR CE QU'ILS ONT FAIT. »* ***CORAN 7 : 180***

- *« DIS : "INVOQUEZ ALLAH, OU INVOQUEZ LE TOUT MISÉRICORDIEUX. QUEL QUE SOIT LE NOM PAR LEQUEL VOUS L'APPELEZ, IL A LES PLUS BEAUX NOMS.... »* ***CORAN 17 : 110***

- *« ALLAH ! POINT DE DIVINITÉ QUE LUI ! IL POSSÈDE LES NOMS LES PLUS BEAUX.»* ***CORAN 20 :8***

- *« C'EST LUI ALLAH, LE CRÉATEUR, CELUI QUI DONNE UN COMMENCEMENT À TOUTE CHOSE, LE FORMATEUR. A LUI LES PLUS BEAUX NOMS...»* ***CORAN 59 : 24***

*LES NOMS D'ALLAH INCLUENT LES ATTRIBUTS QUI EN DÉCOULENT, ET DANS CES ATTRIBUTS IL N'Y A AUCUNE IMPERFECTION SUPPOSÉE OU SOUS-ENTENDUE. CAR EN ARABE ON DISTINGUE LES MOTS SELON LEUR SENS, EN 4 CATÉGORIES : [D'APRÈS LE CHEIKH AL OUTHAYMINE DANS SON LIVRE (**LES RÈGLES EXEMPLAIRES DES NOMS ET ATTRIBUTS DIVINS**)] :*

1. ***LES MOTS IMPLIQUANT LA PERFECTION ABSOLUE*** *: CE SONT LES NOMS D'ALLAH.*

2. ***LES MOTS IMPLIQUANT À LA FOIS L'IMPERFECTION ET LA PERFECTION*** *: ILS NE PEUVENT ÊTRE CONSIDÉRÉS COMME UN NOM PROPRE D'ALLAH. MAIS ILS SONT EMPLOYÉS DANS DES CAS RESTREINTS. EXEMPLE : LES MOTS TELS QUE « LE COMPLOT », « LA SUPERCHERIE », « L'IRONIE », « LA RUSE ». CES MOTS SERVENT À INFORMER AU SUJET D'ALLAH, MAIS ON NE PEUT DIRE DE MANIÈRE ABSOLUE QU'ALLAH EST « COMPLOTEUR » PAR EXEMPLE, ET ON NE PEUT LUI ATTRIBUER CE NOM*

(LE COMPLOTEUR). EN EFFET CAR CE MOT SE DIVISE LUI-MÊME EN CE QUI EST LOUABLE OU BLÂMABLE (PERFECTION ET IMPERFECTION). DONC LORSQU'ON PARLE DE CAS RESTREINT, CELA VEUT DIRE DANS DES CAS PRÉCIS : ALLAH « COMPLOTE AVEC CELUI QUI COMPLOTE AVEC LUI ».

3. ***LES MOTS IMPLIQUANT LA PERFECTION, MAIS AVEC UNE SUPPOSITION D'IMPERFECTION:*** *ILS NE PEUVENT ÊTRE CONSIDÉRÉS COMME UN NOM PROPRE D'ALLAH. MAIS ILS INFORMENT À SON SUJET SANS AUCUNE RESTRICTION. EXEMPLE : LE MOT « LOCUTEUR ». (CELUI QUI PARLE). EN PRINCIPE LE FAIT DE PARLER EST UNE PERFECTION EN SOIT. CEPENDANT IL Y A DES PAROLES PRONONCÉES QUI PEUVENT ÊTRE LOUABLES OU BLÂMABLES, C'EST ÇA LA SUPPOSITION D'IMPERFECTION. C'EST POURQUOI ON NE PEUT LUI ATTRIBUER CE NOM (LE LOCUTEUR).*

4. ***LES MOTS IMPLIQUANT L'IMPERFECTION ABSOLUE :*** *ILS NE PEUVENT ÊTRE CONSIDÉRÉS NI COMME NOM PROPRE D'ALLAH, NI UTILISÉS POUR LE DÉCRIRE. EXEMPLE : LES MOTS COMME « AVEUGLE », « SOURD », « IMPUISSANT »...*

LES ATTRIBUTS D'ALLAH L'EXALTÉ SONT TOUS DES ATTRIBUTS DE PERFECTION : *IL N'Y A RIEN EN SES ATTRIBUTS QUI SOIT À CARACTÈRE IMPARFAIT SOUS QUELQUE FORME QUE CE SOIT. C'EST L'EXEMPLE DES ATTRIBUTS COMME LA VIE, LA SCIENCE, LE POUVOIR, L'OUÏE, LA VUE, LA MISÉRICORDE, LA PUISSANCE, LA SAGESSE, L'ÉLÉVATION, LA GRANDEUR, ETC. CELA EST ATTESTÉ PAR LE CORAN ET LA TRADITION PROPHÉTIQUE, MAIS ÉGALEMENT PAR LA RAISON ET LA PRÉDISPOSITION NATURELLE :*

1. ***LE CORAN ET LA TRADITION PROPHÉTIQUE :*** *ALLAH DIT : {LE MAUVAIS EXEMPLE APPARTIENT À CEUX QUI NE CROIENT PAS À L'HEURE DERNIÈRE ET L'EXEMPLE LE PLUS HAUT (AL-MATHAL A'LÂ) APPARTIENT À ALLAH. IL EST L'INFINIMENT PUISSANT ET L'INFINIMENT SAGE.}[SOURATE AN-NAHL, CORAN 16 :.60] « L'EXEMPLE LE PLUS HAUT » N'EST AUTRE QUE L'ATTRIBUT (DESCRIPTION), C'EST DONC L'ATTRIBUT QUI VA ÊTRE AU-DESSUS DE TOUTE CHOSE, UNE PERFECTION COMPLÈTE, ET QUI NE CONTIENT EN AUCUN CAS DE DÉFAUT. CE VERSET EST DONC BIEN UNE PREUVE QUE LES ATTRIBUTS D'ALLAH SONT PARFAITS.*

2. ***LA RAISON HUMAINE :*** *TOUT CE QUI EXISTE RÉELLEMENT A FORCÉMENT DES ATTRIBUTS. SOIT ILS SONT PARFAITS, SOIT IMPARFAITS. CONCERNANT LES ATTRIBUTS D'IMPERFECTION, ILS NE PEUVENT ÊTRE ATTRIBUÉS À ALLAH, CAR IL S'AGIT DU SEIGNEUR, QUI SEUL MÉRITE L'ADORATION. C'EST POUR CELA QU'ALLAH A MIS EN ÉVIDENCE LA NULLITÉ DU CARACTÈRE DIVIN DES IDOLES EN LES CARACTÉRISANT PAR L'IMPERFECTION ET L'IMPUISSANCE : ALLAH A DIT : {QUI EST PLUS ÉGARÉ QUE CELUI QUI INVOQUE EN DEHORS D'ALLAH, CE QUI NE LUI RÉPONDRA PAS JUSQU'AU JOUR DE LA RÉSURRECTION. ILS NE PRÊTENT AUCUNE ATTENTION À LEURS INVOCATIONS.} [CORAN 46 :5] ET ALLAH DIT : {ET CEUX QU'ILS INVOQUENT EN DEHORS D'ALLAH NE CRÉENT RIEN, ET ILS SONT EUX-MÊMES CRÉÉS. ILS SONT MORTS, ET NON PAS VIVANTS, ET ILS NE SAVENT PAS QUAND ILS SERONT RESSUSCITÉS.} [SOURATE AN-NAHL,*

CORAN 16 :20-21] ET LORSQUE ABRAHAM ARGUMENTE CONTRE SON PÈRE : {«Ô MON PÈRE, POURQUOI ADORES-TU CE QUI N'ENTEND NI NE VOIT, ET NE TE PROFITE EN RIEN ?} [SOURATE MARYAM, CORAN 19 :42] ET ABRAHAM ARGUMENTANT CONTRE SON PEUPLE : {«ADOREZ-VOUS DONC, EN DEHORS D'ALLAH, CE QUI NE SAURAIT EN RIEN VOUS ÊTRE UTILE NI VOUS NUIRE NON PLUS. FI DE VOUS ET DE CE QUE VOUS ADOREZ EN DEHORS D'ALLAH ! NE RAISONNEZ-VOUS PAS?»} [SOURATE AL ANBIYA, CORAN 21 :66-67]

3. **LA PRÉDISPOSITION NATURELLE (EL FITRA) :** TOUTES LES ÂMES, DE PAR LEUR SAINE NATURE, SONT PRÉDISPOSÉES À L'AMOUR D'ALLAH. CAR ELLES SAVENT QUE C'EST CELUI QUI EST QUALIFIÉ PAR DES ATTRIBUTS PARFAITS, QUI LUI SONT PROPRES. C'EST-À-DIRE DES ATTRIBUTS QUI SONT PROPRES À SA SEIGNEURIE, PROPRES À SON ADORATION. LORSQU'UN ATTRIBUT EST IMPARFAIT, NE CONTENANT AUCUNE FORME DE PERFECTION, C'EST UNE CHOSE STRICTEMENT IMPOSSIBLE POUR ALLAH, COMME C'EST LE CAS DE LA MORT, L'IGNORANCE, L'OUBLI, LA CÉCITÉ, LA SURDITÉ, ET TOUT CE QUI Y EST SIMILAIRE. C'EST POURQUOI DANS BEAUCOUP DE VERSETS, ALLAH S'ÉCARTE DE CE GENRE D'ATTRIBUTS : ALLAH DIT : {ET PLACE TA CONFIANCE EN LE VIVANT, CELUI QUI NE MEURT JAMAIS.} [ ] {MON SEIGNEUR [NE COMMET] NI ERREUR NI OUBLI.} [SOURATE TA-HA, CORAN 20 :52] {IL N'Y A RIEN QUI PUISSE RÉDUIRE ALLAH À L'IMPUISSANCE QUE CE SOIT DANS LES CIEUX OU SUR LA TERRE.} [SOURATE FÂTIR, CORAN 35 :44]

LES ATTRIBUTS D'ALLAH SONT DE 3 CATÉGORIES :

1. **LES ATTRIBUTS DE PERFECTION ABSOLUE:** CE SONT LES ATTRIBUTS D'ALLAH TELS QUE NOUS EN AVONS DÉCRIT PRÉCÉDEMMENT.

2. **LES ATTRIBUTS D'IMPERFECTION ABSOLUE:** ALLAH S'EXEMPTE DE TOUTES LES IMPERFECTIONS QU'ON LUI A ATTRIBUÉES. IL DIT : {GLOIRE À TON SEIGNEUR, LE SEIGNEUR DE LA PUISSANCE, EXEMPT DE CE QU'ILS ATTRIBUENT. PAIX AUX MESSAGERS. LOUANGE À ALLAH LE SEIGNEUR DES MONDES.} [SOURATE LES RANGÉS, CORAN 37 :180-182] {ALLAH NE S'EST POINT ATTRIBUÉ D'ENFANT ET IL N'EXISTE POINT DE DIVINITÉ AVEC LUI ; SINON, CHAQUE DIVINITÉ S'EN IRAIT AVEC CE QU'ELLE A CRÉÉ, ET CERTAINES SERAIENT SUPÉRIEURES AUX AUTRES. (GLOIRE ET PURETÉ) À ALLAH! IL EST SUPÉRIEUR À TOUT CE QU'ILS DÉCRIVENT.} [SOURATE AL MOU°MINOUN, CORAN 23 :91]

3. **LES ATTRIBUTS QUI PEUVENT COMPRENDRE TANTÔT LA PERFECTION ET TANTÔT L'IMPERFECTION :** CONCERNANT LES ATTRIBUTS QUI SONT CONSIDÉRÉS DANS CERTAINS CAS COMME PARFAITS ET DANS D'AUTRES CAS COMME IMPARFAITS, CES ATTRIBUTS-LÀ NE PEUVENT ÊTRE ATTRIBUÉS À ALLAH DE FAÇON ABSOLUE. C'EST-À-DIRE QU'ON NE PEUT PAS ATTESTER CES ATTRIBUTS POUR ALLAH DE FAÇON ABSOLUE ET QU'ON NE PEUT PAS LES RENIER DE FAÇON ABSOLUE. DONC LES CAS OÙ CES ATTRIBUTS SONT CONSIDÉRÉS COMME PARFAITS, IL EST ALORS PERMIS DE LES ATTRIBUER À ALLAH (DANS CE QUI EST PROPRE À LUI). ET DANS LES

CAS OÙ ILS SONT CONSIDÉRÉS COMME IMPARFAITS, ALORS IL EST INTERDIT DE LUI ATTRIBUER. ***EXEMPLE*** *:*

- ***LE COMPLOT*** *: {ILS COMPLOTÈRENT ET ALLAH COMPLOTA. ALLAH EST LE MEILLEUR DES COMPLOTEURS.} [SOURATE LE BUTIN, CORAN 8 :30]*
- ***LA RUSE*** *: {ILS SE MIRENT À RUSER, ET JE ME MIS À RUSER.} [SOURATE AT-TÂRIQ, CORAN 86 :15-16]*
- ***LA TROMPERIE*** *: {CERTES LES HYPOCRITES (IMPOSTEURS) CHERCHENT À TROMPER ALLAH, MAIS C'EST LUI QUI LES TROMPE.} [SOURATE AN-NISSA, CORAN 4 :142]*

4. *IL Y A UNE SEULE SITUATION OÙ CES ATTRIBUTS SONT CONSIDÉRÉS COMME PARFAITS, C'EST AU MOMENT OÙ ALLAH VA RENDRE À CEUX QUI FONT CET ACTE, COMME C'EST LE CAS DANS LES EXEMPLES QUE NOUS VENONS DE MENTIONNER.* ***OR LE FAIT QU'ALLAH RÉPONDE À LA RUSE PAR LA RUSE, AU COMPLOT PAR LE COMPLOT, À LA TROMPERIE PAR LA TROMPERIE OU MÊME PAR PLUS FORT, CELA MONTRE QU'IL A LA CAPACITÉ DE SE DÉFENDRE. PAR CONSÉQUENT CELA PROUVE QUE, DANS CE CAS-LÀ, IL S'AGIT D'ATTRIBUTS DE PERFECTION. CAR S'IL N'ÉTAIT PAS CAPABLE DE RÉPONDRE, CELA SIGNIFIERAIT UNE FORME D'IMPERFECTION.*** *EN DEHORS DE CES SITUATIONS, CES ATTRIBUTS SONT CONSIDÉRÉS COMME IMPARFAITS. C'EST ÉGALEMENT POURQUOI IL N'EST PAS PERMIS DE NOMMER ALLAH PAR DES NOMS TIRÉS DE CES ATTRIBUTS, COMME « LE COMPLOTEUR » CAR ÇA SIGNIFIERAIT QU'IL COMPLOTE TOUJOURS.*

5. ***L'ATTRIBUT DE LA TRAHISON :*** *CONCERNANT CET ATTRIBUT LE CHEIKH AL OUTHAYMINE DANS SON LIVRE (**LES RÈGLES EXEMPLAIRES DES NOMS ET ATTRIBUTS DIVINS**) VA EXPLIQUER UNE CHOSE TRÈS IMPORTANTE POUR NE PAS TOMBER DANS L'ERREUR. IL EXPLIQUE QUE CET ATTRIBUT NE PEUT PAS AVOIR DE SITUATION OÙ IL SERAIT PARFAIT, CAR ON NE PEUT PAS RÉPONDRE À LA TRAHISON PAR LA TRAHISON. LE CHEIKH CITE ALORS CE VERSET : {S'ILS VEULENT TE TRAHIR, C'EST QU'ILS ONT TRAHI ALLAH AUPARAVANT. ALLAH VOUS A DONNÉ TOUT POUVOIR SUR EUX. ALLAH EST OMNISCIENT ET INFINIMENT SAGE.} [SOURATE LE BUTIN, CORAN 8 : 71] ALLAH N'A PAS RÉPONDU À LA TRAHISON PAR LA TRAHISON, IL A DIT : « ALLAH VOUS A DONNÉ TOUT POUVOIR SUR EUX » ET IL N'A PAS DIT « IL LES A TRAHIS ». C'EST POURQUOI IL EST INTERDIT DE PRONONCER CETTE PAROLE : « QU'ALLAH TRAHISSE CEUX QUI TRAHISSENT. »*

TROISIEME PRINCIPE

ABANDONNER TOUTE TENTATIVE DE CERNER COMMENT ALLAH SE MANIFESTE À TRAVERS CES ATTRIBUTS QUI LE CARACTÉRISENT

ELLE EST FONDÉE SUR LE PRINCIPE QUE PERSONNE NE POSSÈDE LA CONNAISSANCE ET LE MYSTÈRE QUI CARACTÉRISENT ALLAH À TRAVERS TOUS SES NOMS ET ATTRIBUTS. L'ESSENCE ET LA NATURE RÉELLE DES NOMS ET ATTRIBUTS D'ALLAH QU'IL NOUS A INFORMÉ SONT INCONNUES DE TOUS. NOUS DEVONS DONC NOUS LIMITER AUX DESCRIPTIONS TELLES MENTIONNÉES DANS LES TEXTES DU CORAN ET LA TRADITION PROPHÉTIQUE SANS POUR AUTANT ALLER À L'EXTRÊME EN ESSAYANT DE CERNER CE DONT NOUS N'AVONS AUCUNE CONNAISSANCE ET NI PREUVE DE LA PART D'ALLAH. ALLAH N'A OCTROYÉ À AUCUNE DE SES CRÉATURES LA CONNAISSANCE OU LA COMPRÉHENSION DE SON ESSENCE OU RÉALITÉ ET NE LEUR A NON PLUS RENDU ACCESSIBLE CETTE CONNAISSANCE.

*ALLAH N'A OUVERT AUCUNE VOIE POUR CERNER LA RÉALITÉ DE SES NOMS ET ATTRIBUTS. CETTE VOIE A ÉTÉ SCELLÉE JUSQU'AU JOUR DERNIER COMME LE MONTRE CES PROPOS DU PROPHÈTE MUHAMMAD (PBASL): « **SACHE QUE AUCUN DE VOUS NE VERRA SON SEIGNEUR AVANT SA MORT** ». D'UN AUTRE ANGLE, ALLAH N'A INFORMÉ AUCUNE DE SES CRÉATURES À TRAVERS SES LIVRES RÉVÉLÉS ET NON PLUS SES MESSAGERS DE LA RÉALITÉ ET DE LA DESCRIPTION RÉELLE DE SES NOMS ET ATTRIBUTS. **CE DONT LES TEXTES DÉVOILENT, EST UNE AFFIRMATION DE LA PRÉSENCE DE CES ATTRIBUTS ET NON UNE AFFIRMATION DESCRIPTIVE ET RÉELLE DE CES ATTRIBUTS.***

SUR UN TROISIÈME ANGLE, ALLAH N'A NON PLUS RENDU ACCESSIBLE À SES CRÉATURES LA COMPRÉHENSION DE LA RÉALITÉ DE CES ATTRIBUTS. ALLAH N'A NON PLUS DÉSIRÉ QUE SES CRÉATURES CONNAISSENT CES RÉALITÉS ET N'EN A NON PLUS FAIT UNE CONDITION D'ADORATION. CE DONT ALLAH LES A PLUTÔT RECOMMANDÉS EST D'AVOIR FOI EN CE QUI LES A INFORMÉ (PARADIS, ENFER, JOUR DU JUGEMENT, SES NOMS ET ATTRIBUTS ETC. BREF AVOIR FOI EN L'INVISIBLE TELLE MENTIONNÉ DANS LES TEXTES ET DE NE PAS ALLER AUX EXTRÊMES SUR CE DONT NOUS N'AVONS AUCUNE CONNAISSANCE). ALLAH ÉVOQUE DANS LE CORAN L'ABANDON DE TOUTE TENTATIVE POUR LE CERNER EN CES TERMES :

- *«**IL CONNAÎT CE QUI EST DEVANT EUX ET CE QUI EST DERRIÈRE EUX, ALORS QU'EUX-MÊMES NE LE CERNENT PAS DE LEUR SCIENCE.**»* *CORAN 20 :110*

*LE COMMENT N'EST PAS DE NOTRE CAPACITÉ, **MUHAMMAD AL-AMIN ASH-SHANQITI** A DIT:*

- *"**S'ÉLOIGNER DE TOUT ESPOIR D'ATTEINDRE LA RÉALITÉ DU "COMMENT"**, CAR IL, LE TRÈS HAUT, DIT : ALORS QU'EUX-MÊMES NE LE CERNENT PAS DE LEUR SCIENCE. (CORAN 20/110)". (MANHAJ WA DIRÂSÂT LI AAYÂTIL-ASMÂ WAS-SIFÂT P.26).*

L'INTELLECT HUMAIN DOIT S'ÉLOIGNER DE TOUT ESPOIR DE CERNER LA RÉALITÉ ET LA NATURE DES ATTRIBUTS D'ALLAH. ET CE À CAUSE DE SON INCAPACITÉ D'ATTEINDRE ET D'ACQUÉRIR CETTE CONNAISSANCE. PARCE QUE LA CONNAISSANCE DE LA RÉALITÉ DES ATTRIBUTS DE QUELQUE CHOSE NE PEUT ÊTRE ATTEINTE QUE PAR LA CONNAISSANCE DE SON ESSENCE EN PREMIER LIEU OU PAR QUELQUE CHOSE DE SEMBLABLE À CETTE DERNIÈRE OU PAR DES INFORMATIONS CERTAINES SUR CETTE CHOSE. TOUS CES MOYENS D'ACQUISITION DE CONNAISSANCE NE SONT PAS POSSIBLES EN CE QUI CONCERNE LA NATURE DES ATTRIBUTS D'ALLAH. DONC ESSAYER DE CERNER QUOIQUE CE SOIT EST ERRONÉ ET FUTILE. LA CONNAISSANCE DE L'HOMME EST LIMITÉE TOUT COMME ALLAH NOUS INFORME EN CES TERMES :

- *«.....**ET ILS T'INTERROGENT AU SUJET DE L'ÂME, - DIS : " L'ÂME RELÈVE DE L'ORDRE DE MON SEIGNEUR".** ET ON NE VOUS A DONNÉ QUE PEU DE CONNAISSANCE.» CORAN 17 :85*

- *« .. ET, DE SA SCIENCE, ILS N'EMBRASSENT QUE CE QU'IL VEUT.» CORAN 2 :255*

SI L'ON NE PEUT COMPRENDRE L'ESSENCE OU LA VRAIE NATURE OU LA RÉALITÉ DE L'ÂME, QUI EST LA CHOSE LA PLUS PROCHE D'UNE PERSONNE, L'ÉNIGME CONSISTANT À CERNER LA CONNAISSANCE DE LA RÉALITÉ ET LA VÉRITABLE NATURE DU CRÉATEUR SERA ENCORE PLUS COMPLEXE QUE JAMAIS. ALLAH A CERTES DISCIPLINÉ ET RECOMMANDÉ SES SERVITEURS DE NE POINT S'ENGAGER DANS DES DISCUSSIONS OU THÈMES DONT ILS N'ONT AUCUNE CONNAISSANCE :

- *« ET NE POURSUIS PAS CE DONT TU N'AS AUCUNE CONNAISSANCE. L'OUÏE, LA VUE ET LE CŒUR: SUR TOUT CELA, EN VÉRITÉ, ON SERA INTERROGÉ.» CORAN 17 :36*

ALLAH DIT ÉGALEMENT :

- *«DIS : "MON SEIGNEUR N'A INTERDIT QUE LES TURPITUDES (LES GRANDS PÉCHÉS), TANT APPARENTES QUE SECRÈTES, DE MÊME QUE LE PÉCHÉ, L'AGRESSION SANS DROIT ET D'ASSOCIER À ALLAH CE DONT IL N'A FAIT DESCENDRE AUCUNE PREUVE, **ET DE DIRE SUR ALLAH CE QUE VOUS NE SAVEZ PAS".**» CORAN 7 :33*

*IL EST BIEN CLAIR QUE NOUS NE POSSÉDONS AUCUNE CONNAISSANCE DE LA RÉALITÉ D'ALLAH. L'ON DEVRAIT DONC ÉVITER DE « **SE POSER LE COMMENT, TAKYIF** » DE SES ATTRIBUTS QUE CE SOIT DANS LE CŒUR OU AVEC LA LANGUE CAR ALLAH EST TRÈS GRAND, EST TRÈS MAJESTUEUX QUE TOUTE FORME DE DESCRIPTION OU D'IMAGINATION QU'ON SE FERA À TRAVERS L'ESPRIT (DANS LA TÊTE). ET DE PLUS CES IMAGINATIONS OU DESCRIPTIONS INVENTIVES NE SERONT QU'UN MENSONGE SUR ALLAH, CAR L'AUTEUR N'AYANT AUCUNE PREUVE ET CONNAISSANCE DES UTOPIES QU'IL SE FAIT.*

C'EST AINSI QUE TOUS CEUX QUI ONT ESSAYÉ DE DÉCRIRE ALLAH PAR LEUR PROPRE COMPRÉHENSION EN FAISANT DES PARALLÈLES AVEC LES CRÉATURES, SE SONT TOUS PLONGÉS DANS LA CONFUSION ET DES ÉQUATIONS QU'ILS NE

PEUVENT EN AUCUN CAS RÉSOUDRE OU Y APPORTER D'EXPLICATIONS LOGIQUES. CITONS EN EXEMPLE CEUX QUI DISENT QUE JÉSUS EST FILS DE DIEU, OU QUE JÉSUS EST DIEU OU EST L'UN DES COMPOSANTS DE LA TRINITÉ (LE PÈRE, LE FILS ET LE SAINT ESPRIT) QUI FORMENT UNE ENTITÉ !

C'EST LÀ BIEN UNE ÉQUATION QU'ILS NE PEUVENT ET NE POURRONT À GRAND JAMAIS RÉSOUDRE. CAR IL SERAIT IMPOSSIBLE DE PROUVER COMMENT TROIS ENTITÉS DIFFÉRENTES EN NATURE FUSIONNENT POUR EN FORMER UNE SEULE. DE MÊME QUE JUSTIFIER LE FAIT QUE JÉSUS (PAIX D'ALLAH SUR LUI) SOIT EN MÊME TANT DIEU, FILS DE DIEU ET FILS DE L'HOMME ? OU QU'IL SOIT DIEU NÉE D'UNE MÈRE QUI (LA MÈRE DE JÉSUS) EST AUSSI CONSIDÉRÉE COMME AYANT DES CARACTÈRES DIVINS ?

CE SONT LÀ DES ÉNIGMES QUE PERSONNE NE POURRA ÉLUCIDER LOGIQUEMENT AU COMMUN DES HOMMES DOUÉS DE RAISON ET D'INTELLIGENCE ! C'EST AINSI QU'ALLAH, DANS LE CORAN, RÉFUTE TOUTES CES ACCUSATIONS DANS UN LANGAGE SIMPLE, CLAIR, LUCIDE, LOGIQUE ET COMPRÉHENSIBLE POUR TOUTE PERSONNE FAISANT USAGE DE SA RAISON SANS AUCUNE POSITION ET IDÉOLOGIE PARTISANE :

- *« ILS DISENT : "ALLAH S'EST DONNÉ UN ENFANT" GLOIRE ET PURETÉ À LUI ! IL EST LE RICHE PAR EXCELLENCE. A LUI APPARTIENT TOUT CE QUI EST AUX CIEUX ET SUR LA TERRE; - VOUS N'AVEZ POUR CELA AUCUNE PREUVE. ALLEZ-VOUS DIRE CONTRE ALLAH CE QUE VOUS NE SAVEZ PAS ?... » CORAN 10 :68*

- *« ET ILS ONT DIT : "LE TOUT MISÉRICORDIEUX S'EST ATTRIBUÉ UN ENFANT ! " VOUS AVANCEZ CERTES LÀ UNE CHOSE ABOMINABLE ! PEU S'EN FAUT QUE LES CIEUX NE S'ENTROUVRENT À CES MOTS, QUE LA TERRE NE SE FENDE ET QUE LES MONTAGNES NE S'ÉCROULENT, DU FAIT QU'ILS ONT ATTRIBUÉ UN ENFANT AU TOUT MISÉRICORDIEUX, ALORS QU'IL NE CONVIENT NULLEMENT AU TOUT MISÉRICORDIEUX D'AVOIR UN ENFANT ! » CORAN 19 : 88-92*

- *« DIS (MUHAMMAD) : "SI LE TOUT MISÉRICORDIEUX AVAIT UN ENFANT, ALORS JE (MUHAMMAD) SERAIS LE PREMIER À L'ADORER". GLOIRE AU SEIGNEUR DES CIEUX ET DE LA TERRE, SEIGNEUR DU TRÔNE; IL TRANSCENDE DE CE QU'ILS DÉCRIVENT... » CORAN 43 :81-82*

- *« ET ILS ONT DÉSIGNÉ DES ASSOCIÉS À ALLAH : LES DJINNS, ALORS QUE C'EST LUI QUI LES A CRÉÉS. ET ILS LUI ONT INVENTÉ, DANS LEUR IGNORANCE, DES FILS ET DES FILLES, GLOIRE À LUI ! IL TRANSCENDE TOUT CE QU'ILS LUI ATTRIBUENT. CRÉATEUR DE CIEUX ET DE LA TERRE. COMMENT AURAIT-IL UN ENFANT, QUAND IL N'A PAS DE COMPAGNE ? C'EST LUI QUI A TOUT CRÉÉ, ET IL EST OMNISCIENT. VOILÀ ALLAH, VOTRE SEIGNEUR ! IL N'Y A DE DIVINITÉ QUE LUI, CRÉATEUR DE TOUT. ADOREZ-LE DONC. C'EST LUI QUI A CHARGÉ DE TOUT. LES REGARDS NE PEUVENT L'ATTEINDRE, CEPENDANT QU'IL SAISIT TOUS LES REGARDS. ET IL EST LE DOUX, LE PARFAITEMENT CONNAISSEUR. CERTES, IL VOUS EST PARVENU DES PREUVES ÉVIDENTES, DE LA PART DE VOTRE*

SEIGNEUR. DONC, QUICONQUE VOIT CLAIR, C'EST EN SA FAVEUR; ET QUICONQUE RESTE AVEUGLE, C'EST À SON DÉTRIMENT, CAR JE NE SUIS NULLEMENT CHARGÉ DE VOTRE SAUVEGARDE... » CORAN 6 : 100-104

- *C'EST AINSI QUE TOUS CEUX QUI ONT DIVERGÉ SUR LES TEXTES AUTHENTIQUEMENT RÉVÉLÉS, SE SONT ÉGARÉS DE LA VRAIE DROITURE EN SE PLONGEANT DANS DES CONFUSIONS ET DES DIVISIONS (SECTES) : «* ***C'EST AINSI, CAR C'EST AVEC LA VÉRITÉ QU'ALLAH A FAIT DESCENDRE LE LIVRE; ET CEUX QUI S'OPPOSENT AU SUJET DU LIVRE SONT DANS UNE PROFONDE DIVERGENCE...*** *» CORAN 2 :176*

- *TOUTES CES FACTIONS DIVERGENTES QUI ONT ESSAYÉ DE DÉCRIRE ALLAH SUIVANT LEURS PASSIONS ET IMAGINATIONS SE SONT PLUTÔT COMPLIQUÉES LA TÂCHE AVEC DES THÈSES DONT ELLES N'ONT AUCUNE PREUVE ET QU'ELLES NE PEUVENT NON PLUS PROUVER LOGIQUEMENT. CAR L'ÊTRE HUMAIN EST LIMITÉ DANS LA COMPRÉHENSION DE LA VRAIE NATURE D'ALLAH QUI TRANSCENDE TOUT CE QU'ON PUISSE LUI ATTRIBUER. ALLAH A DIT VRAI DANS CES PROPOS : «* ***NE MÉDITENT-ILS DONC PAS SUR LE CORAN? S'IL PROVENAIT D'UN AUTRE QU'ALLAH, ILS Y TROUVERAIENT CERTES MAINTES CONTRADICTIONS !*** *» CORAN 4 :82*

CE VERSET EST BIEN LA CONFIRMATION DE LA CONTRADICTION ET LA CONFUSION DANS LAQUELLE SE SONT PLONGÉES TOUTES LES FACTIONS QUI ONT ESSAYÉS D'APPRÉHENDER DIEU EN SUIVANT LEUR PASSION ET EN LUI FORGEANT DES THÈSES QU'ELLES ONT ENSUITE ATTRIBUÉ COMME PROVENANT D'ALLAH.

LES ATTRIBUTS DIVINS

LES ATTRIBUTS À CARACTÈRE AFFIRMÉS ET LES ATTRIBUTS À CARACTÈRE NÉGATIFS (OU NIÉS)

*LES ATTRIBUTS D'ALLAH SE SUBDIVISENT EN DEUX PARTIES : **LES ATTRIBUTS À CARACTÈRE AFFIRMÉS ET LES ATTRIBUTS À CARACTÈRE NÉGATIFS (OU NIÉS)***

1. LES ATTRIBUTS À CARACTÈRE AFFIRMÉS

CE SONT CEUX QU'ALLAH A AFFIRMÉ À SON SUJET, DANS LE CORAN ET LA SOUNNAH. CE SONT TOUS DES ATTRIBUTS PARFAITS. EXEMPLE : LA VIE, LA SCIENCE, LE POUVOIR, L'ÉLÉVATION AU-DESSUS DU TRÔNE, LE VISAGE, LES DEUX MAINS ... IL CONVIENT DONC DE LES ATTESTER DE MANIÈRE RÉELLE ET CONFORME À LA PERFECTION QUI CONVIENT À ALLAH 'AZAWAJAL. LE CORAN ET LA SOUNNAH, AINSI QUE LA RAISON HUMAINE LE CONFIRME :

- ***LE CORAN ET LA SOUNNAH :** {Ô VOUS QUI AVEZ CRU, CROYEZ EN ALLAH, EN SON MESSAGER ET EN S<ON LIVRE QUI FÛT DESCENDU AUPARAVANT. CELUI QUI MÉCROIT EN ALLAH, SES ANGES, SES LIVRES, SES ENVOYÉS, AU JOUR DERNIER, CELUI-CI SERA DANS UN ÉGAREMENT LOINTAIN.} [SOURATE AN-NISSA, CORAN 4 :136].*

  LA FOI EN ALLAH COMPREND LA FOI EN SES ATTRIBUTS ET LA FOI AU LIVRE DESCENDU SUR SON MESSAGE (PAIX ET BÉNÉDICTION D'ALLAH SUR LUI). OR CETTE FOI COMPREND ÉGALEMENT TOUT CE QUE LE LIVRE CONTIENT COMME ATTRIBUTS ANNEXÉS À ALLAH. ET LA PHRASE « MUHAMMAD EST SON ENVOYÉ » COMPREND LA FOI EN TOUT CE QU'IL (LE PROPHÈTE) A INFORMÉ SUR ALLAH LE TOUT PUISSANT.

- ***LA RAISON HUMAINE :** ALLAH S'EST LUI-MÊME DONNÉ CES ATTRIBUTS, OR C'EST LUI LE PLUS SAVANT SUR SA PROPRE PERSONNE, IL EST LE PLUS SINCÈRE ET SA PAROLE EST LA PLUS SURE. IL CONVIENT DONC DE LES LUI ATTESTER TEL QU'IL LES A PORTÉS À NOTRE CONNAISSANCE, SANS AUCUNE HÉSITATION OU AUCUN DOUTE.*

  EN EFFET CAR LE DOUTE ET L'HÉSITATION VIS-À-VIS D'UNE INFORMATION ONT LIEU LORSQUE L'IGNORANCE, LE MENSONGE OU LE BALBUTIEMENT (LE FAIT DE NE PAS POUVOIR EXPRIMER CLAIREMENT SON PROPOS) SONT POSSIBLES CHEZ L'INFORMATEUR. MAIS CES TROIS DÉFAUTS SONT UNE CHOSE IMPOSSIBLE POUR ALLAH.

  NOUS SOMMES DONC OBLIGÉS D'ACCEPTER LES PROPOS D'ALLAH ET PAR CONSÉQUENT SES ATTRIBUTS. DE MÊME, LE PROPHÈTE EST LE PLUS INFORMÉ PARMI LES GENS SUR SON SEIGNEUR, IL EST ÉGALEMENT CELUI DONT LES PROPOS SONT SÛRS ET DONT L'INTENTION EST LA PLUS PURE. IL EST DONC OBLIGATOIRE D'ACCEPTER CE DONT IL A PORTÉ À NOTRE CONNAISSANCE TEL QUEL.

2. *LES ATTRIBUTS À CARACTÈRE NÉGATIFS*

CE SONT CEUX QU'ALLAH NIE À SON SUJET, QUE CE SOIT DANS LE CORAN OU À TRAVERS LA PAROLE DE SON MESSAGER. CE SONT TOUS DES ATTRIBUTS À CARACTÈRE IMPARFAITS LORSQU'IL S'AGIT D'ALLAH. EXEMPLE : LA MORT, LE SOMMEIL, L'IGNORANCE, L'OUBLI, L'IMPUISSANCE, LA FATIGUE…

IL CONVIENT DE LES NIER DE LA MÊME FAÇON QU'ALLAH LES A NIÉS POUR LUI-MÊME. ET CECI INDIQUE ÉGALEMENT AUTRE CHOSE DE FONDAMENTAL, QUI EST QUE NOUS ATTESTONS DE LEUR CONTRAIRE SOUS UN ASPECT PARFAIT.

DONC IL NE S'AGIT PAS D'UNE SIMPLE NÉGATION, QUI N'AURAIT PAS DE BUT. CAR EN RÉALITÉ, LA NÉGATION N'EST PAS UNE CHOSE QUI RENTRE DANS LA PERFECTION, DONC LE DROIT D'ALLAH 'AZAWAJAL. PAR CONTRE, SI ON RENIE DES ATTRIBUTS DANS LE BUT D'ATTESTER DE FAÇON ABSOLUE ET PARFAITE LEUR CONTRAIRE, ALORS LÀ CELA DEVIENT DE LA PERFECTION.

EXEMPLE : LA MORT. POURQUOI ALLAH 'AZAWAJAL A-T-IL NIÉ LA MORT POUR LUI ? TOUT SIMPLEMENT POUR ATTESTER DE LA PERFECTION DE SA VIE. DE MÊME POUR LE SOMMEIL.

- *{FAIS ENTIÈREMENT CONFIANCE EN LE VIVANT, CELUI QUI NE MEURT PAS.} **[SOURATE AL FOURQAN, CORAN 25 :58]***

- *ET IL, SOUBHANNA WA TA'ALA DIT : {TON SEIGNEUR N'EST INJUSTE ENVERS PERSONNE.} **[SOURATE LA CAVERNE, CORAN 18 : 49]***

LE FAIT DE NIER L'INJUSTICE À PROPOS D'ALLAH, CELA SOUS-ENTEND LA PERFECTION DE SA JUSTICE. ET IL, SOUBHANNA WA TA'ALA DIT :

- *{IL N'Y A RIEN QUI PUISSE RÉDUIRE ALLAH À L'IMPUISSANCE, QUE CE SOIT DANS LES CIEUX OU SUR LA TERRE, CAR IL EST CERTES L'OMNISCIENT L'OMNIPOTENT.} **[SOURATE FÂTIR, CORAN 35 :44]***.

LE FAIT DE NIER L'IMPUISSANCE À PROPOS D'ALLAH, CELA SOUS-ENTEND LA PERFECTION DE SA SCIENCE ET DE SON POUVOIR.

SUBDIVISIONS DES ATTRIBUTS

LES ATTRIBUTS AFFIRMÉS D'ALLAH

*LES ATTRIBUTS À CARACTÈRE AFFIRMÉS SE SUBDIVISENT EN DEUX PARTIES : **LES ATTRIBUTS PROPRES À L'ÊTRE DIVIN ET LES ATTRIBUTS PROPRES AUX ACTES DIVINS. LES ATTRIBUTS PROPRES À L'ÊTRE DIVIN :** CE SONT LES ATTRIBUTS AVEC LESQUELS ALLAH A TOUJOURS ÉTÉ QUALIFIÉ ET AVEC LESQUELS IL SERA TOUJOURS GRATIFIÉ. COMME C'EST LE CAS DE LA **SCIENCE, LE POUVOIR, L'OUÏE, LA VUE, LA PUISSANCE, LA SAGESSE, L'ÉLÉVATION, LA GRANDEUR.** CES ATTRIBUTS SE DIVISENT ÉGALEMENT EN 2 CATÉGORIES, QUI SONT :*

1. *SIFATOU MA'NAWIYA (ATTRIBUTS AYANT UN SENS)*

*CE SONT DES ATTRIBUTS QUE L'ON PEUT DÉDUIRE DE PAR NOTRE RAISONNEMENT, MÊME SI ON N'EN A PAS ÉTÉ INFORMÉ DANS LE CORAN ET LA TRADITION PROPHÉTIQUE. CE SONT DES ATTRIBUTS QUI CONTIENNENT UN SENS. EXEMPLE : **LA SAGESSE, LA SCIENCE… :***

- *(A-SAMI') : **L'AUDIENT, CELUI QUI ENTEND**, CE NOM INCLUT L'ATTRIBUT DE L'AUDITION OU L'OUÏE, CETTE AUDITION EST ABSOLUE ET PARFAITE, ALLAH ENTEND LES VOIX HAUTES ET BASSES, TOUTES À LA FOIS. CET ATTRIBUT EST DIRECTEMENT LIÉ À L'ENTITÉ DIVINE CAR ALLAH EN EST QUALIFIÉ DE MANIÈRE CONTINUELLE ET ÉTERNELLE.*

- *(AL-BASSIR) : **CELUI QUI VOIT, LE VOYANT**, CE NOM INCLUT L'ATTRIBUT DE LA VUE, ALLAH VOIT TOUT, CE QUI EST MINUSCULE COMME CE QUI EST GRANDIOSE, RIEN N'ÉCHAPPE À SA VUE, SA VUE EST ABSOLUE ET PARFAITE CONTRAIREMENT À CELLE DE SES CRÉATURES. C'EST ÉGALEMENT UN ATTRIBUT PROPRE À L'ÊTRE DIVIN.*

- *(AL-'ALIM) : **LE SAVANT**, LE VERSET SUIVANT TRADUIT L'ATTRIBUT ABSOLU ET PARFAIT QU'EST LA SCIENCE : " RIEN NE LUI ÉCHAPPE FÛT-IL DU POIDS D'UN ATOME DANS LES CIEUX, COMME SUR LA TERRE. ET RIEN N'EXISTE DE PLUS PETIT NI DE PLUS GRAND, QUI NE SOIT INSCRIT DANS UN LIVRE EXPLICITE. " **CORAN 34 : 3***

2. *SIFATOU KHABARIYA*

*CE SONT DES ATTRIBUTS QUE L'ON PEUT CONNAÎTRE UNIQUEMENT PAR L'INFORMATION. EXEMPLE : **LE VISAGE, LES DEUX MAINS, LES DEUX YEUX, LE PIED.** ON NE PEUT DONC PAS CONSIDÉRER QUE CES ATTRIBUTS ONT UN SENS, SINON ON VA ENTRER DANS L'INTERPRÉTATION DU COMMENT. ET NON PLUS LES DONNER DES RESSEMBLANCES AVEC LES CRÉATURES D'ALLAH. CAR LES ATTRIBUTS D'ALLAH SONT DES ATTRIBUTS DE PERFECTION ET DE QUALIFICATIFS SUPRÊMES QUI NE SAURAIENT ÊTRE SIMILAIRES À SES CRÉATURES.*

- ***LES DEUX MAINS : «(ALLAH) LUI DIT : "Ô IBLIS (SATAN), QUI T'A EMPÊCHÉ DE TE PROSTERNER DEVANT CE QUE J'AI CRÉÉ DE MES MAINS ? T'ENFLES-TU D'ORGUEIL OU TE CONSIDÈRES-TU PARMI LES HAUTS PLACÉS ? "»** CORAN 38 : 75*

- *«ET LES JUIFS DISENT : "LA MAIN D'ALLAH EST FERMÉE ! " QUE LEURS PROPRES MAINS SOIENT FERMÉES, ET MAUDITS SOIENT-ILS POUR L'AVOIR DIT. AU CONTRAIRE, SES DEUX MAINS SONT LARGEMENT OUVERTES : IL DISTRIBUE SES DONS COMME IL VEUT…..» CORAN 5 : 64*

- *«ILS N'ONT PAS ESTIMÉ ALLAH COMME IL DEVRAIT L'ÊTRE ALORS QU'AU JOUR DE LA RÉSURRECTION, IL FERA DE LA TERRE ENTIÈRE UNE POIGNÉE, ET LES CIEUX SERONT PLIÉS DANS SA [MAIN] DROITE. GLOIRE À LUI ! IL EST AU-DESSUS DE CE QU'ILS LUI ASSOCIENT. » CORAN 39 : 67*

LES MAINS D'ALLAH SONT AUSSI CONFIRMÉES DANS LA TRADITION PROPHÉTIQUE :

- *D'APRÈS ABDULLAH IBN AMR : "EN EFFET, ALLAH - LE PUISSANT ET MAJESTUEUX - A CRÉÉ TROIS CHOSES AVEC SES MAINS, IL A CRÉÉ ADAM AVEC SA MAIN, IL A ÉCRIT LA TORAH AVEC SA MAIN ET IL A PLANTÉ FIRDAWS (LE PARADIS) AVEC SA MAIN." [RECUEILLI PAR AD DARQUTNI DANS «DANS SIFAAT P.45 ET AL BAYHAQI DANS 'AL ASMA WA SIFAT' P. 403 SUR LA L'AUTORITÉ D'AL HARITH IBN NAWFAL.]*

- *IL A ÉTÉ AUTHENTIQUEMENT RAPPORTÉ QU'ABDULLAH IBN UMAR A DIT: "ALLAH A CRÉÉ QUATRE CHOSES AVEC SA MAIN : LE TRÔNE, LA PLUME, ADAM ET LE PARADIS «PUIS, IL (ALLAH) A ALORS DIT AU RESTE DES CRÉATURES "SOYEZ ET ELLES FURENT" ADH DHAHABI ATTESTE DE SA CHAINE DE TRANSMISSION DANS «AL 'ULUW. AL ALBANI ATTESTE DANS "MUKHTASAR AL-ULUW' P.105 QUE "SA CHAÎNE EST AUTHENTIQUE SELON LES CRITÈRES DE MOUSLIM"*

IL EST BIEN CONNU D'APRÈS LES TEXTES QU'ALLAH POSSÈDE DES MAINS MAIS LE COMMENT ET LA DESCRIPTION DE CES MAINS N'EST PAS CONNUE. L'ON NE SAURAIT DONC DIRE QUE LES MAINS D'ALLAH SONT SEMBLABLES À CEUX DE SES CRÉATURES DE PEUR DE TOMBER DANS L'ANTHROPOMORPHISME. CAR ALLAH DIT DANS LE CORAN :

- *« IL N'Y A RIEN QUI LUI RESSEMBLE; ET C'EST LUI L'AUDIENT, LE CLAIRVOYANT.» CORAN 42 :11*

- *VISAGE D'ALLAH «TOUT CE QUI EST SUR ELLE [LA TERRE] DOIT DISPARAÎTRE, [SEULE] SUBSISTERA LA FACE [WAJH] DE TON SEIGNEUR, PLEIN DE MAJESTÉ ET DE NOBLESSE.» CORAN 55 : 26-27*

- *ET N'INVOQUE NULLE AUTRE DIVINITÉ AVEC ALLAH. POINT DE DIVINITÉ À PART LUI. TOUT DOIT PÉRIR, SAUF SON VISAGE. A LUI APPARTIENT LE JUGEMENT; ET VERS LUI VOUS SEREZ RAMENÉS. » CORAN 28 : 88*

PERSONNE N'A JAMAIS VU LE VISAGE D'ALLAH ET PERSONNE NE LE VERRA NON PLUS AVANT LE JOUR DU JUGEMENT. CAR SON VISAGE EST D'UN ÉCLAT DE

LUMIÈRE SUBLIME QU'IL PLAÇA ENTRE LUI ET SES CRÉATURES UN VOILE (RIDEAU) EMPÊCHANT DE LE CERNER:

- *«LES REGARDS NE PEUVENT L'ATTEINDRE, CEPENDANT QU'IL SAISIT TOUS LES REGARDS. ET IL EST LE DOUX, LE PARFAITEMENT CONNAISSEUR.» CORAN 6 : 103*

- *«IL N'A PAS ÉTÉ DONNÉ À UN MORTEL QU'ALLAH LUI PARLE AUTREMENT QUE PAR RÉVÉLATION, OU DE DERRIÈRE UN VOILE, OU QU'IL [LUI] ENVOIE UN MESSAGER (ANGE) QUI RÉVÈLE, PAR SA PERMISSION, CE QU'IL [ALLAH] VEUT. IL EST SUBLIME ET SAGE.» CORAN 42 :51*

L'INCIDENT QUI SE PRODUISIT LORSQUE MOISE (MOUSSA) DEMANDA À VOIR LE VISAGE D'ALLAH EN EST UNE PREUVE QU'AUCUN COMMUN DES MORTELS NE PEUT ET NE POURRA VOIR ALLAH AVANT LE JOUR DU JUGEMENT DERNIER : «ET LORSQUE MOÏSE VINT À NOTRE RENDEZ-VOUS ET QUE SON SEIGNEUR LUI EUT PARLÉ, IL DIT : "Ô MON SEIGNEUR, MONTRE TOI À MOI POUR QUE JE TE VOIE ! " IL (ALLAH) DIT : "TU NE ME VERRAS PAS; MAIS REGARDE LE MONT : S'IL TIENT EN SA PLACE, ALORS TU ME VERRAS." MAIS LORSQUE SON SEIGNEUR SE MANIFESTA AU MONT, IL LE PULVÉRISA, ET MOÏSE S'EFFONDRA FOUDROYÉ. LORSQU'IL SE FUT REMIS, IL DIT : "GLOIRE À TOI ! A TOI JE ME REPENS; ET JE SUIS LE PREMIER DES CROYANTS".» CORAN 7 :143

CECI EST AUSSI ATTESTÉ PAR UNE DES PAROLES DU PROPHÈTE (PBASL) SELON LAQUELLE TOUTE CHOSE BRULERAIT AU CONTACT DE LA VUE D'ALLAH SI JAMAIS IL ENLEVAIT LE VOILE QUI LE SÉPARE DE SES CRÉATURES DANS CE MONDE :

HADITH : D'APRÈS ABOU MOUSSA AL ACH'ARI, LE PROPHÈTE (PBASL) A DIT : «EN VÉRITÉ, ALLAH NE DORT PAS ET IL NE CONVIENT PAS À SA MAJESTÉ QU'IL DORME. IL ABAISSE L'ÉCHELLE (DE TOUT) ET L'ÉLÈVE. LES ACTES DE LA JOURNÉE ASCENDENT VERS LUI AVANT CEUX DE LA NUIT, ET CEUX DE LA NUIT AVANT CEUX DU JOUR.

- *SON VOILE (ENTRE LUI ET SES CRÉATURES) EST FAIT DE LUMIÈRES - OU FEU - ET SI IL ENLÈVE CE VOILE, LA MAJESTÉ DE SA FACE BRULERA TOUT CE QU'ATTEINDRA SA VUE PARMI SES CRÉATURES...» RAPPORTÉ PAR BOUKHÂRI*

PAR CONTRE, EN CE QUI CONCERNE LE JOUR DERNIER, L'UN DES PLUS GRANDS BIENFAITS QU'ALLAH ACCORDERA AUX GENS DU PARADIS SERA LE FAIT DE VOIR SON VISAGE. CE VOILE QUI EMPÊCHAIT LES GENS SUR TERRE DE VOIR LE VISAGE D'ALLAH SERA ENLEVÉ UNIQUEMENT POUR LES HÉRITIERS DU PARADIS, TANDIS QU'IL (LE VOILE) SERA MAINTENU POUR LES GENS DE L'ENFER QUI NE MÉRITENT PAS CET ULTIME BIENFAIT. ALLAH ÉVOQUE CES POINTS DANS LE CORAN EN CES TERMES :

- *«CE JOUR-LÀ, IL Y AURA DES VISAGES RESPLENDISSANTS QUI REGARDERONT LEUR SEIGNEUR; » CORAN 75 : 22-23*

*CES VERSETS SIGNIFIENT QUE LES VISAGES DES CROYANTS SERONT BEAUX ET JOYEUX À CAUSE DES EFFETS DU REGARD QU'ILS JETTERONT SUR LE VISAGE DE LEUR MAÎTRE. AL-BOUKHÂRI (6088) ET MOUSLIM (267) ONT RAPPORTÉ D'APRÈS UN HADITH D'ABOU HOURAIRA (SATISFACTION D'ALLAH SUR LUI) QUE DES GENS AVAIENT DIT : « MESSAGER D'ALLAH ! VERRONS-NOUS NOTRE MAÎTRE AU JOUR DE LA RÉSURRECTION ? » « **AVEZ-VOUS DU MAL À CONTEMPLER LA LUNE AU 14E NUIT DE SON APPARITION ?** » « NON, MESSAGER D'ALLAH ! » « **AVEZ-VOUS DU MAL À VOIR LE SOLEIL DANS UN CIEL DÉGAGÉ ?** » « NON» « **VOUS LE VERREZ DE LA MÊME MANIÈRE** »*

*D'APRÈS SUHAIB IBN SINAN AR-RUMI, LE PROPHÈTE (PBASL) A DIT : «**LORSQUE LES GENS DU PARADIS ENTRERONT DANS LE PARADIS, - ALLAH DIRA: `NE VOULEZ-VOUS PAS QUE JE VOUS ACCORDE UN SURPLUS'** - ILS DIRONT, `N'AVEZ-VOUS PAS BLANCHI NOS VISAGES ? NE NOUS AVEZ-VOUS PAS ACCORDÉ LE PARADIS ET NE NOUS AVEZ-VOUS PAS PRÉSERVÉ DE L'ENFER ?*

- **PUIS IL ALLAH) VA ENLEVER LE VOILE (ENTRE LUI ET SES CRÉATURES) ET RIEN NE LEUR SERA PLUS AIMABLE QUE LE FAIT DE VOIR LEUR SEIGNEUR. CE SERA DONC LE SURPLUS (ZIYADAH – PLUS GRAND BIENFAIT DANS LE PARADIS).** *PUIS IL (LE PROPHÈTE –PBASL) RÉCITA CE VERSET :* **«A CEUX QUI AGISSENT EN BIEN EST RÉSERVÉE LA MEILLEURE (RÉCOMPENSE) ET MÊME DAVANTAGE (SURPLUS : REGARD DU VISAGE D'ALLAH).»** *CORAN 10 : 26* **RAPPORTÉ PAR MOUSLIM**

LA MÊME PROMESSE (SURPLUS : REGARD DU VISAGE D'ALLAH) EST FAITE DANS UN AUTRE VERSET DU CORAN :

- *« LE PARADIS SERA RAPPROCHÉ À PROXIMITÉ DES PIEUX. "VOILÀ CE QUI VOUS A ÉTÉ PROMIS, [AINSI QU'] À TOUT HOMME PLEIN DE REPENTIR ET RESPECTUEUX [DES PRESCRIPTIONS DIVINES] QUI REDOUTE LE TOUT MISÉRICORDIEUX BIEN QU'IL NE LE VOIT PAS, ET QUI VIENT [VERS LUI] AVEC UN CŒUR PORTÉ À L'OBÉISSANCE. ENTREZ-Y EN TOUTE SÉCURITÉ". VOILÀ LE JOUR DE L'ÉTERNITÉ !* **IL Y AURA LÀ POUR EUX TOUT CE QU'ILS VOUDRONT. ET AUPRÈS DE NOUS IL Y A DAVANTAGE ENCORE (SURPLUS : REGARD DU VISAGE D'ALLAH).»** *CORAN 50 :31-35*

LES MÉCRÉANTS DE LEUR COTE, SERONT PRIVÉS DE CE SUBLIME BIENFAIT DE VOIR LE VISAGE D'ALLAH COMME ALLAH LE SOULIGNE DANS LE CORAN :

- **«QU'ILS PRENNENT GARDE ! EN VÉRITÉ CE JOUR-LÀ UN VOILE LES EMPÊCHERA DE VOIR LEUR SEIGNEUR,** *ENSUITE, ILS BRÛLERONT CERTES, DANS LA FOURNAISE; ON [LEUR] DIRA ALORS : "VOILÀ CE QUE VOUS TRAITIEZ DE MENSONGE !»* **CORAN 83 : 15-16**

EN SOMME, IL EST BIEN CONNU D'APRÈS LES TEXTES QU'ALLAH A UN VISAGE MAIS LE COMMENT ET LA DESCRIPTION DE CE VISAGE N'EST PAS CONNUE. L'ON NE SAURAIT DONC DIRE QUE LE VISAGE D'ALLAH EST SEMBLABLE À CELUI DE SES CRÉATURES DE PEUR DE TOMBER DANS L'ANTHROPOMORPHISME. CAR ALLAH DIT DANS LE CORAN :

- *« IL N'Y A RIEN QUI LUI RESSEMBLE; ET C'EST LUI L'AUDIENT, LE CLAIRVOYANT.» CORAN 42 :11*

- *LES DEUX YEUX « ET J'AI RÉPANDU SUR TOI (MOISE) UNE AFFECTION DE MA PART, AFIN QUE TU SOIS ÉLEVÉ SOUS MON ŒIL.» CORAN 20 :39*

- *«… ET SUPPORTE PATIEMMENT LA DÉCISION DE TON SEIGNEUR. CAR EN VÉRITÉ, TU ES SOUS NOS YEUX. ET CÉLÈBRE LA GLOIRE DE TON SEIGNEUR QUAND TU TE LÈVES;» CORAN 52 :48*

- *«ET NOUS LE PORTÂMES SUR UN OBJET [FAIT] DE PLANCHES ET DE CLOUS [L'ARCHE], VOGUANT SOUS NOS YEUX : RÉCOMPENSE POUR CELUI QU'ON AVAIT RENIÉ [NOÉ].» CORAN 54 :13-14*

HADITH : *ABDOULLAH IBN OMAR (SATISFACTION D'ALLAH SUR LUI) DIT : « LE PROPHÈTE (PBASL) PRONONÇA UN DISCOURS DEVANT UNE AUDIENCE. IL RENDIT HOMMAGE À ALLAH COMME IL LE MÉRITE, CITA AD-DAJJÂL (**L'ANTÉCHRIST**) ET DIT :*

- *"JE VOUS METS EN GARDE CONTRE LUI (L'ANTÉCHRIST). IL N'Y A AUCUN PROPHÈTE QUI N'AIT MIS LES SIENS EN GARDE CONTRE LUI. NOÉ EN FIT AUTANT. MAIS JE VOUS DIRAI SUR LUI UNE VÉRITÉ QU'AUCUN PROPHÈTE NE RÉVÉLA À SA NATION, SACHEZ QU'IL EST BORGNE, ALORS QU'ALLAH NE L'EST PAS » [RAPPORTÉ PAR AL-BOUKHÂRI]*

- *LE PROPHÈTE (PBASL) A DIT : «ON NE CESSERA DE JETER DES GENS DANS L'ENFER QUI DIRA : « Y'EN A-T-IL ENCORE ? » JUSQU'À CE QUE LE SEIGNEUR TOUT-PUISSANT Y METTE SON PIED. IL (L'ENFER) SE REPLIERA ALORS SUR LUI-MÊME EN DISANT : « PAR TA PUISSANCE ! CELA SUFFIT, CELA SUFFIT. » [AL BOUKHÂRI ET MOUSLIM]*

LES ATTRIBUTS PROPRES AUX ACTES DIVINS

LES ATTRIBUTS PROPRES AUX ACTES DIVINS

CE SONT LES ATTRIBUTS QUI SE RATTACHENT À LA VOLONTÉ D'ALLAH. S'IL VEUT, IL LE FAIT, S'IL NE LE VEUT PAS, IL NE LE FAIT PAS. L'ÉLÉVATION AU-DESSUS DU TRÔNE, LA DESCENTE AU CIEL DE CE BAS MONDE. EXEMPLE : L'ÉLÉVATION AU-DESSUS DU TRÔNE, LA DESCENTE AU CIEL DE CE BAS MONDE (DURANT LE DERNIER TIERS DE LA NUIT)……

- *(AL-KHALIQ) : LE CRÉATEUR, L'ATTRIBUT EXTRAIT PAR INCLUSION DE CE NOM EST LA CRÉATION, ALLAH CRÉE QUAND IL VEUT, CET ATTRIBUT EST DONC SUBORDONNÉ À SA VOLONTÉ, DONC IL EST PROPRE À L'ACTE DIVIN, ET SANS DOUTE, LA CRÉATION REPRÉSENTE UN DES ACTES D'ALLAH.*

- *(A-RAZIQ) : LE POURVOYEUR, CELUI QUI POURVOIT, IL DONNE LA SUBSISTANCE À SES CRÉATURES : CROYANTES ET MÉCRÉANTES, HUMAINES, ANIMALES ET VÉGÉTALES. CETTE SUBSISTANCE EST OCTROYÉE SELON SA VOLONTÉ, C'EST UN ACTE DIVIN, DONC SA CATÉGORIE EST CELLE DES ATTRIBUTS PROPRES À L'ACTE DIVIN.*

*DONC POUR BIEN COMPRENDRE LA DIFFÉRENCE ENTRE LES 2 SUBDIVISIONS (**ATTRIBUTS PROPRES À L'ENTITÉ DIVINE ET L'ACTE DIVIN**), ON VA PRENDRE LA **SCIENCE : PEUT-ON DIRE QU'ALLAH A LA SCIENCE S'IL LE VEUT OU S'IL NE LE VEUT PAS ?** NON, C'EST IMPOSSIBLE, CAR ALLAH POSSÈDE LA SCIENCE DE FAÇON CONTINUE.*

***PAR CONTRE, DE CE QUI EST DE LA DESCENTE AU CIEL DE CE BAS MONDE, PEUT-ON DIRE QU'ALLAH Y DESCEND CONTINUELLEMENT ?** NON PLUS, IL DESCEND QUAND IL VEUT ET QUAND IL NE LE VEUT PAS IL NE DESCEND PAS. DONC C'EST BIEN UN ATTRIBUT PROPRE À L'ACTE ET NON À L'ENTITÉ D'ALLAH.*

*IL A ÉTÉ RAPPORTÉ DANS LES DEUX RECUEILS DE HADITHS AUTHENTIQUES, SELON ABÛ HOURAIRA, QU'ALLAH L'AGRÉE, QUE LE PROPHÈTE, A DIT : « À PARTIR DU DERNIER TIERS DE LA NUIT, NOTRE SEIGNEUR DESCEND AU CIEL LE PLUS PROCHE DE LA TERRE ET [ALLAH] DIT : « J'EXAUCE LES INVOCATIONS DE CELUI QUI M'INVOQUE, JE DONNE À CELUI QUI ME DEMANDE ET PARDONNE À CELUI QUI ME DEMANDE LE PARDON ». **RAPPORTÉ PAR BOUKHÂRI N° 1145 ET MOUSLIM N° 758.***

LES PREUVES TIRÉES DU CORAN SONT LES SUIVANTES :

1. *« **IL N'Y A RIEN QUI LUI RESSEMBLE; ET C'EST LUI L'AUDIENT, LE CLAIRVOYANT.**» CORAN 42 : 11. QUI EST UNE PREUVE QU'ALLAH EST AU-DESSUS DE TOUTE RESSEMBLANCE AVEC SES CRÉATURES. SES ATTRIBUTS ÉTANT DES ATTRIBUTS DE PERFECTION ABSOLUS. RIEN N'EST SEMBLABLE À ALLAH DANS SON ESSENCE, SES ATTRIBUTS ET SES ACTIONS.*

2. *« **N'ATTRIBUEZ DONC PAS À ALLAH DES SEMBLABLES. CAR ALLAH SAIT, TANDIS QUE VOUS NE SAVEZ PAS**» CORAN 16 :74 ALLAH N'A DONC PAS DE SEMBLABLE SOUS TOUS LES ASPECTS.*

3. *« C'EST À CEUX QUI NE CROIENT PAS EN L'AU-DELÀ QUE REVIENT LE MAUVAIS QUALIFICATIF (QU'ILS ONT ATTRIBUÉ À ALLAH). **TANDIS QU'À ALLAH [SEUL] EST LE QUALIFICATIF SUPRÊME. ET C'EST LUI LE TOUT PUISSANT, LE SAGE.** » CORAN 16 :60*

4. *« ET C'EST LUI QUI COMMENCE LA CRÉATION PUIS LA REFAIT; ET CELA LUI EST PLUS FACILE. **IL A LA TRANSCENDANCE ABSOLUE DANS LES CIEUX ET SUR LA TERRE. C'EST LUI LE TOUT PUISSANT, LE SAGE.** » CORAN 30 :27 ALLAH SE DÉCRIT COMME POSSÉDANT SEUL LA MEILLEURE DES QUALITÉS ET CARACTÉRISTIQUES. CE QUI EST UNE PREUVE DE SA PERFECTION ABSOLUE DANS SES NOMS ET ATTRIBUTS QUI TRANSCENDENT TOUTE CHOSE.*

5. *« IL EST LE SEIGNEUR DES CIEUX ET DE LA TERRE ET DE TOUT CE QUI EST ENTRE EUX. ADORE-LE DONC, ET SOIS CONSTANT DANS SON ADORATION. **LUI CONNAIS-TU UN HOMONYME ? ”** » CORAN 19 :65 CONNAISSEZ-VOUS UN SEMBLABLE À ALLAH QUI PUISSE RÉCLAMER SES ATTRIBUTS ? GLOIRE À ALLAH, IL EST UNIQUE DANS TOUS LES ASPECTS ET PERSONNE NE SAURAIT LUI ÊTRE ÉGALE OU RÉCLAMERAIT UN DE SES ATTRIBUTS !*

6. *« **DIS : “IL EST ALLAH, UNIQUE.** » CORAN 112 :1 L'UNIQUE SIGNIFIE QU'IL N'A NI SEMBLABLE ET NI ÉGAL.*

7. *«**ET NUL N'EST ÉGAL À LUI”.**» CORAN 112 :4 L'UNICITÉ D'ALLAH IMPLIQUE LA SA PERFECTION ABSOLUE ALORS QUE LUI ATTRIBUER D'ÉGAL SERAIT SYNONYME D'IMPERFECTION.*

SAVANT

- ***ET NUL N'EST ÉGAL À LUI” CORAN 112:4***
- *CEPENDANT, VOUS NE SAUREZ VOULOIR, À MOINS QU'ALLAH VEUILLE. ET ALLAH EST **OMNISCIENT** ET SAGE [CORAN 76:30]*
- *ET ILS (ANGES) LUI (ABRAHAM) ANNONCÈRENT [LA NAISSANCE] D'UN GARÇON (ISAAC) **PLEIN DE SAVOIR**. [CORAN 51:28]*
- *LE **SAVANT** (ALLAH) N'EST PAS SEMBLABLE AU **SAVANT** DE SA CRÉATURE. CAR : "IL N'Y A RIEN QUI LUI RESSEMBLE." CORAN 42:11.*
- *"...TANDIS QU'À ALLAH [SEUL] EST LE QUALIFICATIF SUPRÊME." CORAN 16:60*

INDULGENT

- *.......CERTES C'EST LUI QUI EST **INDULGENT** ET PARDONNEUR. [CORAN 17:44]*
- *NOUS LUI (ABRAHAM) FÎMES DONC LA BONNE ANNONCE D'UN GARÇON (ISMAÏL) **LONGANIME**. [CORAN 37:101]*
- *L'**INDULGENT** (ALLAH) N'EST PAS SEMBLABLE AU **INDULGENT** DE SA CRÉATURE. CAR : "IL N'Y A RIEN QUI LUI RESSEMBLE..." CORAN 42:11.*
- *"...TANDIS QU'À ALLAH [SEUL] EST LE QUALIFICATIF SUPRÊME..." CORAN 16:60*

COMPATISSANT, MISÉRICORDIEUX

- *......CAR ALLAH, CERTES EST **COMPATISSANT** ET **MISÉRICORDIEUX** POUR LES HOMMES [CORAN 2:143]*
- *...QUI EST **COMPATISSANT** ET **MISÉRICORDIEUX** ENVERS LES CROYANTS.[CORAN 9:128].*
- *LE COMPATISSANT, MISÉRICORDIEUX (ALLAH) N'EST PAS SEMBLABLE AU COMPATISSANT, MISÉRICORDIEUX DE SA CRÉATURE. CAR : "IL N'Y A RIEN QUI LUI RESSEMBLE..." CORAN 42:11.*
- *"...TANDIS QU'À ALLAH [SEUL] EST LE QUALIFICATIF SUPRÊME..." CORAN 16:60*

AUDIENT, VOYANT

- *CELUI QUI **ENTEND** ET QUI **VOIT TOUT**. [CORAN 4:58]*
- *[C'EST POURQUOI] NOUS L'AVONS (ÊTRE HUMAIN) FAIT **ENTENDANT** ET **VOYANT**. [CORAN 76:2]*
- ***L'AUDIENT, VOYANT** (ALLAH) N'EST PAS SEMBLABLE A **L' AUDIENT, VOYANT** DE SA CRÉATURE. CAR : "IL N'Y A RIEN QUI LUI RESSEMBLE..." CORAN 42:11.*
- *"...TANDIS QU'À ALLAH [SEUL] EST LE QUALIFICATIF SUPRÊME..." CORAN 16:60*

VIVANT

- *ALLAH ! POINT DE DIVINITÉ À PART LUI, LE **VIVANT**, CELUI QUI SUBSISTE PAR LUI-MÊME "AL-QAYYUM" [CORAN 2:255]*
- *DU MORT, IL FAIT SORTIR LE VIVANT, ET DU **VIVANT**, IL FAIT SORTIR LE MORT. [CORAN 30:19]*
- *LE **VIVANT** (ALLAH) N'EST PAS SEMBLABLE AU **VIVANT** DE SA CRÉATURE. CAR : "IL N'Y A RIEN QUI LUI RESSEMBLE..." CORAN 42:11.*
- *"...TANDIS QU'À ALLAH [SEUL] EST LE QUALIFICATIF SUPRÊME..." CORAN 16:60*

DÉTENTEUR DE LA FORCE

- *EN VÉRITÉ, C'EST ALLAH QUI EST LE GRAND POURVOYEUR, **LE DÉTENTEUR DE LA FORCE**, L'INÉBRANLABLE. [CORAN 51:58]*
- *"N'ONT-ILS PAS VU QU'EN VÉRITÉ ALLAH QUI LES A CRÉÉS EST **PLUS FORT** QU'EUX ?" [CORAN 41:15]*
- *ALLAH, C'EST LUI QUI VOUS A CRÉÉS FAIBLES; PUIS APRÈS LA FAIBLESSE, IL VOUS DONNE LA **FORCE;** PUIS APRÈS LA **FORCE**, IL VOUS RÉDUIT À LA FAIBLESSE ET À LA VIEILLESSE : IL CRÉE CE QU'IL VEUT ET C'EST LUI L'OMNISCIENT, L'OMNIPOTENT. [CORAN 30:54]*
- *"ET QU'IL AJOUTE FORCE À VOTRE (PEUPLE DE NOÉ) **FORCE**. [CORAN 11:52]*
- *LE DÉTENTEUR DE FORCE (ALLAH) N'EST PAS SEMBLABLE AU A CELUI SA CRÉATURE. CAR : "IL N'Y A RIEN QUI LUI RESSEMBLE..." CORAN 42:11.*
- *"...TANDIS QU'À ALLAH [SEUL] EST LE QUALIFICATIF SUPRÊME..." CORAN 16:60*

S'EST ÉTABLI (ISTAWA)

- *"VOTRE SEIGNEUR, C'EST ALLAH, QUI A CRÉÉ LES CIEUX ET LA TERRE EN SIX JOURS, PUIS **S'EST ÉTABLI "ISTAWA"** SUR LE TRÔNE" [CORAN 7:54].*
- *« LE TOUT MISÉRICORDIEUX **S'EST ÉTABLI "ISTAWA"** SUR LE TRÔNE. »[CORAN 20:5]*
- *« AFIN QUE VOUS VOUS **INSTALLIEZ (ISTAWA)** SUR LEURS DOS... » [CORAN 43:13]*
- *"ET LORSQUE TU SERAS **INSTALLÉ (ISTAWA),** TOI ET CEUX QUI SONT AVEC TOI, DANS L'ARCHE.." [CORAN 23:28] "*
- *« ET L'ARCHE **S'INSTALLA (ISTAWA)** SUR LE MONT (JOUDI)," » [CORAN 11:44]*

L'ASCENSION D'ALLAH SUR SON TRÔNE (AL ISTAWA) N'EST PAS SEMBLABLE À L'ASCENSION DE SES CRÉATURES. ET LE COMMENT DE L'ASCENSION N'EST NON PLUS CONNU. CAR :

- *"IL N'Y A RIEN QUI LUI RESSEMBLE..." CORAN 42:11.*
- *"...TANDIS QU'À ALLAH [SEUL] EST LE QUALIFICATIF SUPRÊME..." CORAN 16:60*

*CERTES ALLAH S'EST ADRESSÉ À SES SERVITEURS EN DES TERMES QU'ILS COMPRENNENT ET SELON LEUR SENS PROPRE (NON FIGURÉ). MAIS POUR LES NOMS ET LES CARACTÈRES D'ALLAH, LA CONNAISSANCE DU COMMENT DE CES TERMES APPARTIENT À ALLAH, LUI SEUL. PAR EXEMPLE, LORSQU'ALLAH AFFIRME QU'IL EST L'AUDIENT, CELA REVIENT À CONFIRMER QU'IL POSSÈDE L'AUDITION ; ET CERTES, L'AUDITION EST BIEN CONNUE DANS SON SENS PROPRE : C'EST LE FAIT DE PERCEVOIR LES SONS. CEPENDANT, LE COMMENT, LA MANIÈRE DE SON AUDITION EST INCONNU. CAR MÊME AU SEIN DES CRÉATURES, LE COMMENT DE L'AUDITION EST DIFFÉRENT ; ET CETTE DIFFÉRENCE EST D'AUTANT PLUS PRONONCÉE ET ÉVIDENTE ENTRE LE CRÉATEUR ET SES CRÉATURES. ALLAH A DIT : « **LE TOUT MISÉRICORDIEUX S'EST ISTAWA AU-DESSUS DE SON TRÔNE** » (SOURATE 20 TA HA V.5).*

EN EMPLOYANT UN TERME DONT LE SENS NOUS EST CONNU, ALLAH NOUS INFORME QU'IL EST ISTAWA (IL S'EST ÉTABLI AU-DESSUS, IL S'EST ÉLEVÉ) AU-DESSUS DE SON TRÔNE (EL 'ARCH). ET CERTES L'ISTIWA AU SENS PROPRE DU TERME NOUS EST BIEN CONNU : C'EST L'ÉLÉVATION, LE FAIT D'ÊTRE AU-DESSUS. PAR CONTRE, LE COMMENT DE SON ÉLÉVATION AU-DESSUS DE SON TRÔNE NOUS EST INCONNU. EN EFFET, LE COMMENT DE L'ISTIWA EST BIEN DISTINCT ENTRE LES CRÉATURES, ALORS QUE DIRE DE CELUI DU CRÉATEUR PAR RAPPORT À SES CRÉATURES ? EST-CE QUE L'INSTALLATION AU-DESSUS D'UNE CHAISE STABLE EST SEMBLABLE À CELLE AU-DESSUS D'UNE MONTURE FAROUCHE ? »

DONC CES NOMS ET ATTRIBUTS QU'ALLAH S'EST LUI-MÊME ATTRIBUÉ NE DOIVENT PAS ÊTRE RENIÉS PARCE QUE CERTAINES DE SES CRÉATURES SONT AUSSI DÉNOMMÉES DE LA SORTE, AU CONTRAIRE, ILS DOIVENT ÊTRE AFFIRMÉS TEL QUE DÉCRITS PAR ALLAH SANS POUR AUTANT DRESSER DE SEMBLABLE OU DE SIMILITUDE AVEC SES CRÉATURES.

CAR À ALLAH APPARTIENT LES QUALIFICATIFS SUPRÊMES, PARFAITS ET IL A LA TRANSCENDANCE ABSOLUE DANS LES CIEUX ET SUR LA TERRE ET N'EST SOURCE D'UNE IMPERFECTION QUELCONQUE. C'EST LUI LE TOUT PUISSANT, LE SAGE. ALLAH EN FAIT LUI-MÊME LA DISTINCTION DANS LE CORAN EN CES TERMES DÉJÀ PRÉCITÉS CI HAUT :

- *« IL N'Y A RIEN QUI LUI RESSEMBLE; ET C'EST LUI L', LE CLAIRVOYANT.»* CORAN 42 :11
- *« N'ATTRIBUEZ DONC PAS À ALLAH DES SEMBLABLES. CAR ALLAH SAIT, TANDIS QUE VOUS NE SAVEZ PAS»* CORAN 16 :74
- *« …..TANDIS QU'À ALLAH [SEUL] EST LE QUALIFICATIF SUPRÊME. ET C'EST LUI LE TOUT PUISSANT, LE SAGE. »* CORAN 16 :60
- *« …..IL A LA TRANSCENDANCE ABSOLUE DANS LES CIEUX ET SUR LA TERRE. C'EST LUI LE TOUT PUISSANT, LE SAGE. »* CORAN 30 :27
- *« DIS : "INVOQUEZ ALLAH, OU INVOQUEZ LE TOUT MISÉRICORDIEUX. QUEL QUE SOIT LE NOM PAR LEQUEL VOUS L'APPELEZ, IL A LES PLUS BEAUX NOMS…. »* CORAN 17 :110

I want morebooks!

Buy your books fast and straightforward online - at one of world's fastest growing online book stores! Environmentally sound due to Print-on-Demand technologies.

Buy your books online at
www.morebooks.shop

Achetez vos livres en ligne, vite et bien, sur l'une des librairies en ligne les plus performantes au monde!
En protégeant nos ressources et notre environnement grâce à l'impression à la demande.

La librairie en ligne pour acheter plus vite
www.morebooks.shop

Printed by Books on Demand GmbH, Norderstedt / Germany